dtv

Megaskills – das sind Vertrauen, Motivation, Disziplin, Verantwortungsgefühl, Initiative, Ausdauer, Mitgefühl, Teamgeist, gesunder Menschenverstand, problemlösendes Denken, Konzentration. Die Beherrschung dieser elf Fähigkeiten, meint Dorothy Rich, sei die optimale Vorbereitung auf die Erfordernisse der Informationsgesellschaft. Deshalb hat sie Lernspiele für Kinder von 4 bis 12 entwickelt, die ihre emotionale Kompetenz zur Entfaltung bringen. Die EQ-Spiele sind bewusst als Gegengewicht zum schulischen Lernen konzipiert und entspringen unmittelbar dem Alltag zu Hause. Sie sind mit geringem Aufwand und wenigen Mitteln zu realisieren und eignen sich zum Teil hervorragend, um Wartezeiten oder lange Autofahrten zu verkürzen. Lebenstüchtigkeit – ein Kinderspiel? Probieren Sie's aus!

Dorothy Rich ist seit ihrer Promotion in Erziehungswissenschaften in der Familienberatung tätig. Sie ist Begründerin und Präsidentin des Home and School Institute (HSI) mit Sitz in Washington, D. C. Das von ihr konzipierte und entwickelte Megaskills-Trainingsprogramm läuft erfolgreich an über dreitausend Schulen in den USA.

Dorothy Rich

Lernspiele für den EQ

So fördern Sie die emotionale
Intelligenz Ihres Kindes

Aus dem Englischen von
Henriette Zelter

Deutscher Taschenbuch Verlag

Deutsche Erstausgabe
April 2001
Deutscher Taschenbuch Verlag GmbH & Co. KG, München
© 1988, 1992, 1997 Dorothy Rich
Titel der amerikanischen Originalausgabe:
Megaskills.
Building Children's Achievement for the Information Age
Houghton Mifflin Company, New York 1997
ISBN 0-395-87757-1
© der deutschsprachigen Ausgabe:
2001 Deutscher Taschenbuch Verlag GmbH & Co. KG, München
Umschlagkonzept: Balk & Brumshagen
Umschlagfoto: © photonica/Danny Bright
Satz: KCS GmbH, Buchholz/Hamburg
Gesetzt aus der Minion 10,5/12˙
Druck und Bindung: C. H. Beck'sche Buchdruckerei, Nördlingen
Gedruckt auf säurefreiem, chlorfrei gebleichtem Papier
Printed in Germany · ISBN 3-423-36226-X

Inhalt

Für meine Eltern, die mir das Wichtigste, was ich über emotionales Lernen weiß, beigebracht haben.

Für die Veranstalter und Eltern des Megaskills Workshop Program an fast dreitausend Schulen in 48 amerikanischen Bundesstaaten, die mir gezeigt haben, wie Megaskills bei ihnen in der Praxis aussehen.

Emotionale Intelligenz als Grundvoraussetzung für das Informationszeitalter

Man sagt, der Versuch, im gegenwärtigen Informationszeitalter an Information zu gelangen, sei vergleichbar mit dem Bemühen, aus einem aufgedrehten Hydranten einen Schluck Wasser zu trinken. In Wahrheit ist es eher so, als versuchte man, einen Schluck von den Niagarafällen zu erhaschen. Es gibt so viele Informationen und so viele Wege, an sie zu gelangen, dass man eher überflutet als informiert wird. Das bedeutet zugleich, dass es noch viel mehr Möglichkeiten gibt, fehlinformiert oder verwirrt zu werden.

Um einen herzhaften Schluck aus dem Informationshahn nehmen zu können, brauchen unsere Kinder Strukturen, die sie dabei unterstützen. Sie brauchen Eimer und Schläuche, um wirklich an das Wasser zu kommen. Emotionale Intelligenz ist wichtiger denn je, wenn man in unserer Zeit gedeihen und Erfolg haben will.

Unsere Kinder müssen nicht nur in der Lage sein, vom Info-Hydranten zu trinken, sondern sie müssen auch imstande sein, die Information, die sie erhalten, zu beurteilen – zu beurteilen, ob sie passend oder unzureichend ist. Das erfordert die Fähigkeit, sich zu organisieren und kritische Urteile zu fällen. Es bedeutet, dass unsere Kinder wissen müssen, wie sie finden, wonach sie suchen, und wie sie die ständig wachsende Zahl von Informationsquellen nutzen.

Dazu bedarf es emotionaler Intelligenz: des Vertrauens darauf, mit einer Situation fertig zu werden, der Motivation weiterzumachen und so weiter bis zur Lösung des Problems. Da die neuen Technologien Informationen leichter zugänglich machen, müssen unsere Kinder in der Lage sein, in bisher ungekanntem Ausmaß klar zu denken, sich zu konzentrieren, sich anzupassen, sich in Menschen oder Situationen hineinzuversetzen und Dinge miteinander zu verbinden. Das sind geistige Fähigkeiten höherer Ordnung: Megaskills.

Maschinen sind toll, aber sie ersetzen kein Gehirn und auch nicht die geistigen und emotionalen Kräfte, die alles andere erst möglich machen. Maschinen verschleißen und veralten. Das ist bei Megaskills nicht der Fall. Sie versetzen unsere Kinder in die Lage, sich weiterzuentwickeln, damit sie die Vorzüge dieses goldenen Zeitalters des Wissens umsetzen können.

Megaskills und unsere Kinder

Kinder heute erziehen

Eltern zu sein, war noch nie leicht, aber es war auch nicht immer so schwer wie heute. Als Eltern können wir nicht mehr einfach nur anordnen, »tu dies, tu jenes«, und von unseren Kindern erwarten, dass sie bedingungslos gehorchen.

Das 21. Jahrhundert wird die Epoche des kognitiven Lernens sein, und das werden unsere Kinder leisten müssen. Statt auf die Älteren zu hören (was angeblich früher einmal der Fall war), hören Kinder heute auf Werbebotschaften, Altersgenossen und auf solche, die vielleicht nicht immer ihr Bestes im Sinn haben. Darum ist es für Kinder besonders wichtig, alles zu besitzen, was man braucht, um Lebenstüchtigkeit zu entwickeln.

Gleichzeitig müssen wir als Eltern es schaffen, ein Gefühl für jene Normen und Grenzen zu vermitteln, die Kinder brauchen, um Stabilität, Sicherheit und echte Freiheit zu entwickeln, die mit der Selbstbestimmung einhergeht. Das ist kein leicht zu verwirklichendes Ziel, und deshalb sind Megaskills so wichtig.

Wir leben in einer aufregenden, aber auch Furcht einflößenden Zeit, und da wir mittendrin stecken, fällt es uns schwer zu beurteilen, was in der Erziehung unserer Kinder wirklich von Bedeutung ist. Lange Zeit hieß es, es gebe nur zwei Dinge, auf die man sich verlassen könne: den Tod und die Steuern. Heute kommt noch ein dritter Punkt dazu: der Wandel. Um uns und in uns.

Mit Veränderungen fertig zu werden, erfordert eine neue und anspruchsvollere Art von Kompetenz und Verständnis. Wir müssen mit Vorhersehbarem und Unvorhersehbarem zurechtkommen. Da wir das Ausmaß der Veränderung kennen, mit der wir heute konfrontiert sind, können wir uns in etwa vorstellen, was unsere Kinder in den kommenden Jahren erwartet.

Manche Experten raten, sich einen Computer anzuschaffen, und alles werde gut. Ich wünschte, unsere Erziehungsprobleme wären so leicht lösbar. Es besteht kein Zweifel daran, dass Computer vielen Schülern und Studenten schöne neue Welten eröffnen, aber sie sind nach wie vor Maschinen. Diese Maschinen können uns schnell an alle erdenklichen Orte bringen, aber wir müssen immer noch selbst wissen, wohin wir wollen.

Was sind eigentlich Megaskills?

Tests haben erwiesen, dass die Schüler heute etwa genauso gut sind wie in den siebziger Jahren. Da jedoch die fortschreitende Technisierung mehr Wissen erfordert und der zunehmende globale Wettbewerb gesteigerte Anstrengung nötig macht, ist das, was in den siebziger Jahren genügte, heute nicht mehr ausreichend.

Arbeitgeber etwa sind alarmiert. Sie beklagen, dass Berufsanfänger heutzutage nur ungenügend auf das berufliche Leben vorbereitet sind. Das Problem ist nicht nur die Bildung. Viele haben auch Probleme damit, diszipliniert zu arbeiten und sich anzustrengen.

Eltern beobachten, wie ihre Kinder mit der zunehmenden Komplexität und den oft überwältigenden Wahlmöglichkeiten im Alltag kämpfen. In immer jüngeren Jahren werden Kinder mit Problemen wie Drogen und Aids konfrontiert. Man erwartet von ihnen, dass sie sich wie Erwachsene verhalten, obwohl sie noch Kinder sind.

Man ist sich im Allgemeinen darüber einig, dass Kinder bestimmte Kompetenzen brauchen, um Erfolg zu haben. Doch damit sie diese weiterhin in der Schule erwerben können, müssen sie eine Reihe von anderen wichtigen Grundlagen von zu Hause mitbringen.

Megaskills bestärken Kinder in ihrer natürlichen Neugier und dem Wunsch, ihre Welt zu begreifen. Und auch wenn dieser Wunsch in der Schule gefördert wird, muss der grundlegende Impuls aus ihnen selbst und ihrer unmittelbaren Umgebung, ihrem Zuhause, kommen.

Warum nun der Begriff »Megaskills«? Ich weiß, dass es gerade in ist, über mega-dies und mega-jenes zu sprechen, und deshalb habe ich auch gezögert, das Wort »Megaskills« zu verwenden. Aber wenn ich mir überlege, wie schwer es manchmal für Kinder ist, zu lernen und das Erlernte anzuwenden, wenn ich daran denke, wie schwer es ist, Versuchungen wie Drogen oder Schulabbruch zu widerstehen, dann kommen mir Einstellungen und Fähigkeiten (»skills«) in den Sinn, die über die gewöhnlichen hinausgehen. Ich denke an Vertrauen und Motivation, Ausdauer und die Fähigkeit zur Problemlösung. Und dann erscheint mir das Wort »Megaskills« angemessen und richtig.

Eine Megaskill wie Vertrauen ist eine den Erfolg steigernde, dauerhafte Fähigkeit. Sie macht die Anwendung anderer Fähigkeiten, die wir uns aneignen, erst möglich. Megaskills sorgen etwa dafür, dass Kinder weiterhin lesen, lange nachdem sie gelernt haben, Buchstaben zu entziffern.

Dieses Buch will zeigen, wie man Kindern helfen kann, Megaskills zu entwickeln.

Unter Megaskills verstehe ich im Einzelnen
- Selbstvertrauen: sich in der Lage zu fühlen, etwas zu schaffen
- Motivation: der Wunsch, etwas zu leisten

- Disziplin: die Bereitschaft, hart zu arbeiten
- Verantwortung: tun, was man für richtig hält
- Initiative: sich zum Handeln entschließen
- Ausdauer: zu Ende bringen, was man begonnen hat
- Fürsorge: sich um andere kümmern
- Teamgeist: mit anderen zusammenarbeiten
- Gesunder Menschenverstand: ausgewogen urteilen
- Problemlösung: einbringen, was man weiß und wozu man in der Lage ist
- Konzentration: sich einem Ziel widmen

Dies sind sicher nicht die einzigen Megaskills, aber sie spielen eine wichtige und bestimmende Rolle für Erfolg in der Schule und darüber hinaus. Sie fallen weder vom Himmel, noch sind sie einigen wenigen Glücklichen vorbehalten. Eltern können sie auch heute noch zu Hause vermitteln. Es sind Werte, die unser Arbeitsethos, unser Auftreten in der Öffentlichkeit und im Privaten untermauern.

Manchmal werden Megaskills wie Charaktereigenschaften und Werte als »weiche« Qualitäten abgetan, im Vergleich zu »harten« Fakten wie den Punktzahlen in Multiple-Choice-Tests. Das ist Unsinn! Diese so genannten »weichen« Fähigkeiten (neudeutsch: Soft Skills) sind das Gerüst des Lernens, die erzieherische Basis, die uns durch unser ganzes Leben begleitet.

Auch wenn ich akademisches Wissen bewundere, so haben Untersuchungen doch erwiesen, dass Produktivität und Zufriedenheit von Erwachsenen nicht allein davon abhängen. Die glücklichsten und erfolgreichsten Menschen sind jene, die Megaskill-Qualitäten besitzen – und natürlich Humor.

Fähigkeiten für das neue Jahrhundert

Wir wissen nicht mit Sicherheit, ob unsere Kinder heute das lernen, was sie morgen brauchen werden. Aber wir wissen, dass sie die Fähigkeit brauchen werden, ihr Wissen auf neue Weise anzuwenden, um neuartige Probleme zu lösen. Die wissenschaftliche Bezeichnung dafür lautet »Transfer«. Und Erziehung muss diese Transferleistung beinhalten.

Wir wissen sehr wenig über die technischen Fähigkeiten, die man im neuen Jahrhundert brauchen wird. Wir kennen nicht die spezifischen Situationen, mit denen unsere Kinder konfrontiert sein werden, oder gar die Maschinen, die sie benutzen werden. Wir wissen aber, dass sie in der Lage sein müssen, das, was sie heute lernen, anzuwenden. Sie brauchen Fähigkeiten, die ihr Wissen vermehren und die ihnen zu jeder Zeit und an jedem Ort nützen. Sie brauchen Megaskills.

Es gibt eine Menge Bücher darüber, wie Eltern ihren Kindern beim Erwerb der so genannten Kulturtechniken (Lesen, Schreiben, Rechnen) helfen können und dabei, in Tests besser abzuschneiden. Unser Buch handelt davon, wie die Familie ein Kind nicht nur beim Erlernen dieses Basiswissens unterstützen kann, sondern auch darüber hinaus, so dass es für das Leben lernt.

Keine Schule ist eine Insel. Und die Aufgabe des Elternhauses besteht darin, den Schülern bei der Anwendung dessen zu helfen, was sie gelernt haben. Alle Eltern und Lehrer wünschen sich Kinder, die klug, motiviert, verantwortlich, kooperativ sind, Kinder, die aufmerksam zuhören und mit Selbstvertrauen, Selbstdisziplin und Urteilsvermögen selbst etwas beitragen. Das ist kein geringer Anspruch.

Zufällig sind das genau die Eigenschaften, die unsere Gesellschaft jetzt und im neuen Jahrhundert von ihren Mitgliedern fordert – Lernende, die weiterlernen können und wollen.

Jeder ist seines Glückes Schmied

Wenn ich in meinen Seminaren für Erwachsene über Megaskills spreche, stoße ich, besonders bei jungen Berufstätigen, manchmal auf Zweifel. Sie fragen mich: »Wie können Sie an so altmodische Ideale wie Disziplin, Initiative und Durchhaltevermögen glauben, wo doch das, worauf es wirklich ankommt, das Glück ist, zur richtigen Zeit am richtigen Ort zu sein oder, noch wichtiger, die richtigen Leute zu kennen?«

Natürlich glaube ich auch an das Glück – das Glück, nicht von einem Auto überfahren zu werden, gesund zur Welt zu kommen, in einem liebevollen Zuhause zu leben und eine nette Lehrerin zu haben. Ich klopfe sogar manchmal auf Holz.

Man braucht Glück, aber man braucht noch mehr. Ich glaube, dass die meisten von uns, um Glück zu haben, sich erst mal anstrengen müssen, zum Beispiel um zur richtigen Zeit am richtigen Ort zu sein. Auf den Punkt gebracht hat das einmal der ehemalige Baseballstar und Manager der Brooklyn Dodgers, Branch Rickey, der Jackie Robinson als ersten schwarzen Spieler in die erste Liga brachte: »Glück ist das, was übrig bleibt, wenn man die Anstrengung abzieht.«

Für mich besteht Erfolg nicht darin, viel Geld oder nach gängigen Vorstellungen Glück zu haben. Diese Dinge sind nicht schlecht, nur werden die meisten von uns sie nicht bekommen. Was wir jedoch besitzen, ist die Fähigkeit, es zu versuchen. Deshalb glaube ich, dass der Erfolg im Versuch besteht, in unserer Kraft, etwas aus den Einschnitten in unserem Leben, den guten wie den schlechten, zu machen und einfach dranzubleiben. Erfolg ist auch die Fähigkeit, selbst für positive Zäsuren zu sorgen und nicht darauf zu warten, dass uns das Glück in den Schoß fällt. Und genau dazu befähigen uns die Megaskills.

»Du bist mir wichtig!«

Als viel beschäftigte Erwachsene vergessen wir manchmal, wie sehr unsere Kinder uns brauchen. Ich kenne die Entschuldigungen dafür und kann keine davon gelten lassen. »Ich habe einfach zu viel zu tun« und »Mein Kind will sowieso nichts mit mir unternehmen« sind nicht akzeptabel in einer Zeit, in der unsere Kinder uns so dringend benötigen.

Was bewirkt die gemeinsam verbrachte Zeit? Sie sagt dem Kind: »Du bist mir wichtig. Ich will eine bestimmte Zeit nur mit dir verbringen. Es interessiert mich, was dir im Kopf herumgeht und wie du dich fühlst. Du bist wichtig. Du wirst gebraucht.«

Wenn ich von der Zeit spreche, die Eltern und Kind miteinander verbringen sollen, meine ich nicht, dass sie absolut jede Minute auf möglichst produktive Weise nutzen müssen. Das würde nur Druck erzeugen, und es würde nicht funktionieren. Kinder brauchen Zeit, um sich zu entspannen, um nachzudenken und allein zu sein – das Gleiche gilt auch für Erwachsene.

Was ich meine, sind besondere Augenblicke, und die können Eltern schaffen. Es braucht nicht viel Zeit, um viel Gutes zu tun. Die in diesem Buch vorgeschlagenen Übungen nehmen durchschnittlich zehn, fünfzehn oder zwanzig Minuten in Anspruch. Der Schwerpunkt liegt auf dem alles entscheidenden Grundschulalter. In dieser Zeit werden lebenslange Lernmuster geprägt. Das Ziel besteht darin, Kinder darauf vorzubereiten, lebenslang Lernende zu sein und sich nicht nur auf die unmittelbare Gegenwart zu konzentrieren.

Viele Kinder haben heutzutage das Gefühl, nicht die Zeit zu bekommen, die sie brauchen. Und das liegt nicht daran, dass ihre Mütter außer Haus berufstätig sind oder sie nur von einem Elternteil aufgezogen werden. Der Wunsch nach mehr

Zeit kommt auch von Kindern mit nicht berufstätigen Müttern und von solchen, die bei Vater und Mutter aufwachsen.

Dieses Buch ist für alle Erwachsenen gedacht, denen Kinder am Herzen liegen: Eltern, Tanten und Onkel, Großeltern, Babysitter, Stiefeltern. Väter spielen heute eine zunehmend wichtige Rolle in der Betreuung und Erziehung ihrer Kinder. Das ist gut für die Kinder und noch besser für ihre Väter. Jede in diesem Buch vorgeschlagene Übung eignet sich für Väter ebenso wie für Mütter.

Die Zeiten haben sich geändert

Als ich zur Schule ging, bot mir niemand Drogen an. Aids war noch unbekannt. Die Musik, die ich hörte, bestand aus harmlosen Texten und Melodien – zumindest im Vergleich zu manchen erschreckenden musikalischen Erzeugnissen heute. Die Filme (die ich fast alle gesehen habe) zeigten ans Ufer schlagende Wellen statt mühsam verschleierter Sexszenen. Es gab auch Gewalt in diesen Filmen, aber mir scheint, als hätten wir gewusst, was echt war und was nicht. Die Schule abzubrechen stand nicht einmal zur Debatte. Und auch wenn ich immer wieder ermahnt wurde ein »braves« Mädchen zu sein, musste sich meine Familie wirklich keine Sorgen machen, dass ich schwanger werden könnte, weil ich automatisch Nein sagte. Es schien einen allgemeinen Konsens darüber zu geben, was falsch und was richtig ist, und ein ausgeprägteres Gefühl von Sicherheit.

Als Jugendliche wusste ich nicht viel über die Angelegenheiten der Erwachsenen. Und rückblickend denke ich, dass ich auch nicht alles zu wissen brauchte – zumindest nicht so früh.

Wenn ich mich so umschaue, kommt es mir vor, als würde

den Kindern heutzutage mehr erzählt und gezeigt, als sie wissen wollen oder müssen. Alles scheint möglich, und das macht das Großwerden schwieriger. Führung durch die Eltern tut hier dringend not. Sie ist unabdingbar. Viele Kinder, auch die aus den so genannten besseren Kreisen, sind heute gestresst. Manche hegen Selbstmordgedanken. Ich höre viele Gründe dafür: Angst vor Gewalt, Angst vor Scheidung der Eltern oder vor schlechten Noten.

Es gibt keine Garantie, dass Megaskills Ihre Kinder in der Schule halten, sie vor Drogen, einer frühzeitigen Schwangerschaft oder Aids bewahren. Aber es gibt gute Gründe für die Hoffnung, dass ein gutes Selbstwertgefühl zusammen mit verbesserten schulischen Fähigkeiten hilft, die Kinder vor Problemen zu bewahren. Uns muss klar sein, dass die Zeit, die wir mit den Kindern verbringen, um diese Eigenschaften zu fördern, die bestmögliche Vorbeugung ist, die Familien leisten können.

Kinder müssen an sich selbst und die Menschen in ihrem Umfeld glauben können. Sie brauchen das Gefühl, dass sie zählen. Deshalb sind diese scheinbar so einfachen Übungen zur Förderung von Megaskills so überraschend wirkungsvoll.

Das Prinzip Hoffnung

Es gibt da diese Geschichte von zwei Kindern, die in einen Stall mit einem großen Misthaufen gesteckt werden. Das eine sieht den Mist und versinkt in Verzweiflung. Das andere sagt sich: »Wo so viel Mist ist, muss irgendwo ein Pony stecken«, und beginnt den Stall zu durchsuchen. – Das Kind, das auf das Pony hofft und zu suchen beginnt, hat bessere Chancen, in seinem Leben immer eher das Gute zu entdecken.

Ich glaube, dass wir mit ganz alltäglichen Mitteln unseren Kindern Hoffnung und Optimismus vermitteln können. Sie brauchen etwas, auf das sie sich freuen und das sie vorhersehen können. Sie brauchen ein Gefühl von Planungssicherheit und Routine. Deshalb sind die hier vorgeschlagenen Übungen rund um den Familienkalender und die Hausaufgaben so wichtig.

Was macht diese schlichten Übungen so wirkungsvoll? Im Kern geht es darum, dass Eltern beginnen, sich als Lehrer ihrer Kinder und ihre Kinder als Lernende zu sehen. Das fördert die Zusammenarbeit innerhalb der Familie und eine gedeihliche Atmosphäre.

Das Zeitalter des Lernens

Wahrhaftig, wir leben in einem goldenen Zeitalter des Lernens, aber Familien müssen wissen, wie sie sich das zunutze machen können. Dank Fernsehen und Computer leben wir heute in einer Welt der universell verfügbaren Information. Wenn jemand mir als Kind gesagt hätte, ich würde eines Tages in wenigen Stunden quer über mein Land fliegen oder einen Computer benutzen können, hätte ich das wohl kaum geglaubt.

Heute ist das so selbstverständlich, dass ich mich hoffnungsvoll, aber auch ein wenig ängstlich frage, was wir uns für die Welt von morgen eigentlich nicht vorstellen können. Auf eines können wir uns allerdings verlassen: dass wir immer weiter dazulernen müssen.

Wer leistet die erforderliche Hilfestellung beim lebenslangen Lernen unserer Kinder? Schulreformen brauchen erfahrungsgemäß viel Zeit (bis zu dreißig Jahren, sagen die Experten), selbst wenn schneller Wandel – so wie heute – von Eltern und Lehrern dringend gewünscht wird. Wir sollten also nicht warten, bis sich in den Institutionen etwas ändert. Unsere Kinder warten schließlich auch nicht mit dem Großwerden. Außerdem ist das Lernen im Elternhaus gegenüber dem in der Schule wesentlich flexibler.

Die ersten Schritte:
Das Megaskills-Programm und wie es funktioniert

Das kommt in jeder Familie vor. Die Kinder vergessen etwas, sie stellen Forderungen, sie sind rücksichts- und verantwortungslos. Sie lieben und hassen sie und wünschen sich, dass sie endlich aufhören, einfach nur zu *wachsen*, und beginnen, einfach *erwachsen* zu werden.

Sie haben gerade zum fünfzigsten Mal an diesem Tag die Beherrschung verloren und sagen sich: *Es muss doch eine bessere Lösung geben!*

Genau das habe ich mir vor knapp dreißig Jahren auch gesagt. Ich setzte mir zum Ziel herauszufinden, was *zu sagen*, vor allem aber was *zu tun* ist, um nicht auszurasten, wenn mein kleiner Liebling mir zum zehnten Mal am selben Tag sagte:

»Ich habe es vergessen.«

Oder: »Ich kann sie nirgends finden.«

Oder: »Ich möchte noch fernsehen.«

Oder: »Ich brauche Geld.«

(Alle Eltern haben ein Dutzend weiterer Sätze dieser Art auf Lager.) Als Lehrerin dachte ich mir, dass ich doch in der Lage sein müsste, meine Kinder zu verantwortungsbewussten und interessierten Mitmenschen zu machen. Dieser Gedanke war wohl auch der Grundstein für mein Megaskills-Programm.

Es begann in meiner Küche, als meine ältere Tochter – damals war sie fünf, heute ist sie 38 – mich aus der Schule anrief, um mir zu sagen: »Ich habe mein Pausenbrot vergessen.« Ich kreischte: »Aber du hättest daran denken müssen.«

Da sagte ich mir: »Du bist so eine tolle Lehrerin – okay, dann lehr doch mal etwas wirklich Schwieriges, persönliche Verantwortung zum Beispiel.«

Vor dem Hintergrund meiner Erfahrungen im Klassenzimmer überlegte ich, dass meine Methode sich zunächst auf das zu Lernende konzentrieren sollte und ich dieses dann in leicht vermittelbare Schritte gliedern wollte – wie die Anweisungen in einem Kochrezept.

Im Laufe von dreißig Jahren habe ich Tausende von »Rezepten« entwickelt, die Eltern in die Lage versetzen sollen, ihre Kinder beim Lernen (für die Schule und das Leben) zu unterstützen. Das Ziel war damals und ist bis heute, Eltern zu helfen, Rahmenbedingungen für das kindliche Lernen zu schaffen – und zwar nicht nur für den Mathetest morgen, sondern für das ganze Schuljahr und für das nächste und für das darauf folgende.

Dieses Programm nutzt alltägliche Tätigkeiten wie Wäsche waschen oder das Zahlen von Rechnungen und Orte wie den Supermarkt oder die Tankstelle zum Lernen. Das ist einfach. Das macht Spaß. Es braucht wenig Zeit. Jeder kann das. Es kostet nichts. Dahinter steckt die Idee, Kindern die Möglichkeit zu geben, die Fähigkeiten und Fertigkeiten, die sie in der Schule erwerben, außerhalb der Schule anzuwenden. Es ist keine Wiederholung der Dinge, die sie in der Schule beigebracht bekommen, und es sorgt für eine positive Einstellung gegenüber der Schule und dem Lernen.

Die Megaskills in diesem Buch sind altmodisch in dem Sinne, dass sie auf gesundem Menschenverstand und Erfahrung gründen. Und sie sind zugleich modern, weil viele Eltern heutzutage vergessen oder nie gelernt haben, was zu Hause zu tun ist, um ihren Kindern den Weg zu schulischem Erfolg zu ebnen. In den letzten Jahren ist Erziehung zunehmend Aufgabe der Schule – und nur der Schule – geworden. Aber wir wissen heute, dass sie eine gemeinsame Anstrengung des Teams Elternhaus und Schule sein muss.

Dieses Buch benutzt eine simple Formel als Basis für all seine »Rezepte«: *Warum tust du das? Was brauchst du? Was tust du?* Und weitere Vorschläge. Diese Formel sorgt dafür, dass man sich das Nachdenken über und die Nutzung von alltäglichen Tätigkeiten zum Lehren und Lernen angewöhnt.

Kinder müssen nicht mit Papier und Bleistift still an einem Tisch sitzen, um zu lernen. Für vieles, das es zu lernen gilt, kann das sogar der falsche Weg sein. Vor allem jüngere Kinder brauchen körperliche Aktivität und die Gelegenheit, Fragen zu stellen, zu forschen und ohne Konkurrenzdruck zu experimentieren. Und genau diese Möglichkeiten wollen ihnen die folgenden Übungen liefern.

Die Lernrezepte und ihre Zutaten

Ein Lernrezept muss bestimmte Voraussetzungen erfüllen, um diesem Programm zu genügen. Ich erkläre Ihnen diese Zutaten aus zwei Gründen: Erstens sollen Sie sehen, wie die »Rezepte« in diesem Buch entstanden sind, damit Sie zweitens selbst in der Lage sind, sich Lernrezepte für Ihre Kinder auszudenken. Und zwar noch lange, nachdem Sie die hier vorgestellten umgesetzt haben.

Ein Lernrezept für zu Hause sollte
- *in Bezug zur Schularbeit stehen, aber keine Schularbeit sein:* Kinder brauchen zu Hause Erfolgserlebnisse, die sich von denen in der Schule unterscheiden und ihnen gleichzeitig zu Erfolg in der Schule verhelfen. Eltern brauchen andere Mittel, um ihren Kindern beim Lernen zu helfen, als nur die nervende Frage: »Hast du deine Hausaufgaben gemacht?«

- *ernst und lustig zugleich sein:*
  Jedes »Rezept« in diesem Buch hat einen seriösen Hintergrund. Kein einziges wird Ihnen erklären, was sie anstellen müssen, um mit Ihren Kindern größten Spaß zu haben. Denn das wissen Sie selbst am besten. Der Trick an diesen »Rezepten« ist, dass sie Ihrem Kind einen komplexen und Ehrfurcht gebietenden Wert wie Verantwortung nahe bringen und dabei gleichzeitig Spaß machen.

- *ein nachvollziehbares Ziel haben:*
  Wenn Sie ein Kind Verantwortung lehren wollen, beginnen Sie beispielsweise mit dem Teilaspekt »Anweisungen befolgen« und suchen nach einem konkreten, praktischen Beispiel. Ein kleines Kind schicken Sie nicht mit der Anweisung »putz das Zimmer« los. Sie geben ihm immer nur einen einzigen, konkreten Auftrag: »mach das Bett«, »schüttel die Tischdecke aus«, »zieh die Vorhänge auf«. Es ist auch hilfreich, sich Äußerungen im Stil von »geh und räum sofort den ganzen Saustall auf« gegenüber älteren Kindern zu verkneifen. Gutes Lernen erfolgt immer Schritt für Schritt.

- *einfach zu realisieren, wenig zeitaufwändig und preiswert oder gratis sein:*
  Eltern sollen mit ihren Kindern fröhlich, sorglos und konfliktfrei lernen.

Ein gutes Lernrezept bietet jedem eine Chance auf Erfolg. Es gibt nie nur *eine* richtige Methode. Ein »Rezept« ist wie eine Landkarte, nicht wie ein strenges Reglement. Die Übung selbst soll schon ein Gefühl von Erfüllung vermitteln. Es gibt Eltern die Möglichkeit, einen Schritt zurück, und Kindern die Möglichkeit, einen Schritt nach vorne zu treten. Die Idee dahinter ist: Eltern und Kindern dabei zu helfen, sich wohl zu fühlen und einander noch besser kennen zu lernen.

Sie werden in diesem Buch keine Anleitungen zum Flechten eines Korbes oder zum Basteln eines Schachbretts mit Kindern finden. Ich selbst habe es nie geschafft, nach einem Arbeitstag Eislutscherstäbchen oder andere Bastelutensilien aufzutreiben. Ich brauchte Beschäftigungen, die neben meiner Arbeit im Haushalt und mit dem, was ich gerade im Haus hatte, machbar waren. Die gestresste heutige Elterngeneration braucht solch einfache »Rezepte« noch viel dringender.

Nicht jede Mutter/jeder Vater ist die geborene Lehrerin/der geborene Lehrer. Ich versuche, Ihnen eine Strategie mitzuliefern, so dass Sie sofort loslegen können, zum Beispiel um Ihren Kindern zu zeigen, wie sie Ordnung in ihren Sachen halten oder sich beschäftigen können, wenn der Fernseher mal ausgeschaltet ist.

Ich wünsche mir, dass diese Vorschläge Ihnen als Ausgangspunkt für eigene Ideen dienen. Nutzen Sie Ihre Kreativität und die Ihrer Kinder, um sich neue »Rezepte« auszudenken.

Verschiedene »Rezepte« für unterschiedliche Altersstufen

Es ist logisch, dass etwas, das bei Kindergartenkindern funktioniert, für Viertklässler nicht geeignet ist. Da die Kinder größer werden, sollten Eltern so flexibel sein, entsprechend »mitzuhalten«. Die »Rezepte« in fast jedem Kapitel liefern Vorschläge zu Übungen mit Kindern verschiedener Altersstufen. Sie werden merken, dass die Übungen den sich verändernden Interessen und dem reifenden Intellekt Rechnung tragen.

Viele Übungen für das Alter zwischen vier und sechs Jahren befassen sich mit der Vorbereitung auf die Schule und setzen deshalb Zählen, Sortieren und erste Leseübungen voraus. Zahlreiche Übungen für die Altersgruppe von sieben bis neun konzentrieren sich darauf, dass die Kinder das Lernen lernen, vernünftige Arbeitsgewohnheiten entwickeln und Ordnung halten können. Bei den Kindern im Alter von zehn bis zwölf Jahren geht es darum, dass sie sich selbst, ihre Freunde und ihre Familie verstehen. Die Übungen zielen darauf ab, ihr Selbstvertrauen zu stärken, eine Art »Karrierebewusstsein« zu entwickeln sowie gesunde Gewohnheiten und Selbstwertgefühl zu festigen.

Die Altersgruppenzuordnungen sind jedoch nicht strikt und unverrückbar. Viele Vierjährige haben schon Spaß an Beschäftigungen, die eigentlich für Siebenjährige gedacht sind, und umgekehrt. Probieren Sie einfach alles aus, was Ihnen und Ihrem Kind interessant erscheint. Ich hoffe, dass jede Übung oder Teile davon jedem Kind nützt.

Bei Kindern, die noch nicht lesen und schreiben können, empfehle ich, dass Sie alle Anweisungen laut vorlesen und dass Ihre Kinder Ihnen ihre Vorschläge diktieren; verwenden Sie dabei nach Bedarf nicht nur Worte, sondern auch Symbole. Wenn Sie zum Beispiel eine Schublade beschriften wollen, zeichnen Sie auf das Schild neben das Wort »Socken« eine Socke. Um Gefahren im Haushalt zu kennzeichnen, malen Sie ein bestimmtes Zeichen, etwa einen Blitz, neben das Wort »gefährlich«. Beim Anfertigen einer Liste der morgens zu erledigenden Dinge versehen Sie am besten ebenfalls jeden Begriff mit einer kleinen Zeichnung: Zähne putzen, Hände waschen usw. (Machen Sie sich keine Sorgen, wenn Ihr Kind nicht zu denen gehört, die früh lesen lernen, aber geben Sie ihm diese Hilfestellung, die ihm das Lesenlernen schrittweise erleichtert.)

Die »Rezepte« sind für Sommer und Winter, für die Ferien wie für die Schulzeit gedacht. Und denken Sie daran: Was Sie als Eltern mit Ihren Kindern in den Ferien unternehmen, kann großen Einfluss auf die schulischen Leistungen haben.

Ans Werk gehen

Eine einzige Übung wird nicht über Nacht zu einer grundlegenden positiven Veränderung führen. Falls das der Fall sein sollte, setzen Sie sich bitte umgehend mit mir in Verbindung.

In unseren Programmen für die Schule und für zu Hause setzen wir zehn Übungen im Lauf von zehn Wochen um – eins pro Woche. So sollen sich Eltern und Kinder langsam daran gewöhnen.

Wenn Sie mich fragen, empfehle ich Ihnen, dieses Buch zunächst einmal ganz durchzulesen und sich dabei die Übungen zu markieren, die Ihnen auf Anhieb zusagen. Bitten Sie dann Ihr Kind, Ihnen zu helfen, diejenigen auszuwählen, die Ihnen beiden gefallen.

Arbeiten Sie sich einen eigenen Plan aus – aber übertreiben Sie dabei nicht. Einmal pro Woche üben reicht vollauf. So können Sie ein ganzes Jahr damit füllen. Bedenken Sie, dass intellektuelle Fähigkeiten sich gar nicht so sehr von sportlichen unterscheiden. Wie im Sport braucht es auch hier viel Übung, um Selbstvertrauen zu gewinnen, sich zu motivieren und Erfolg zu haben.

Dranbleiben!

Möglicherweise trifft dieses Buch bei Ihnen und Ihrem Kind einen Nerv. Aber vielleicht wird es hart, dabeizubleiben, nachdem der Reiz des Neuen und die anfängliche Begeisterung verflogen sind. Wie bei einer Ernährungsumstellung ist eines der Geheimnisse dieses Programms, dass es zur Gewohnheit werden muss. Bei einer gesunden Ernährung essen Sie fast ausschließlich und nicht nur einmal im Monat Sachen, die gut für Sie sind. Dasselbe gilt für die Übungen zur Förderung der Megaskills. Praktizieren Sie sie regelmäßig. Wenn Sie einen Teil eines Vorschlags ausprobiert haben, kommen Sie noch mal darauf zurück, um auch die Alternatividee zu testen. Improvisieren Sie, seien Sie kreativ – Sie können hier nichts falsch machen.

Vielleicht fragen Sie sich: »Wie werde ich merken, ob mein Kind etwas lernt?« Ich sage Ihnen: Sie werden es merken. Sie werden von Ihrem Kind vernehmen: »Lass mich mal probieren.« Sie werden hören, wie der Groschen fällt. Sie werden zu hören bekommen: »Lass mich dir das zeigen! Lass mich! Lass mich!« Und dann treten Sie am besten zu Seite und lassen Ihr Kind mal machen.

Megaskills und die neuen Technologien

Maschinen bringen uns vielleicht schneller an die unvorstellbarsten Orte, aber welche das sein sollen, müssen wir immer noch selbst wissen ...

Es gibt tonnenweise Bücher und Zeitschriften darüber, welchen Computer wir kaufen oder welche Webseiten wir ansurfen sollen. Täglich wird das Angebot im Internet größer, aber die Inhalte veralten im selben Tempo. All das kommt so schnell und massiv über uns, dass trotz der wundersamen und wirklich aufregenden Möglichkeiten die Gefahr besteht, darin unterzugehen.

Wenn Leute über den Technologie-Boom reden, ist die Botschaft normalerweise: Das ist toll, es wird unser Leben zum Besseren verändern. Wir stehen unter dem Druck mitzuhalten und nicht altmodisch zu sein.

Aber Moment mal! Ist das alles wirklich so wunderbar? Die Vielzahl der Möglichkeiten ist einerseits bemerkenswert, andererseits ist auch viel Mist dabei. Was ist mit den irreführenden und sogar falschen Informationen, den blöden Spielen und Zeitverschwendern, der Information, die eigentlich gar keine ist, sondern nur eine neue Form der Werbung? Wie können wir uns und unsere Kinder davor schützen? Wie können wir das Beste aus diesem neuen Medium herausholen?

Ich gebe zu, dass ich über die Funktionsweise eines Computers genauso wenig weiß wie über die eines Autos. Ich will bei beidem einfach nur, dass es funktioniert. Aber ich bin sehr interessiert an dem, was ein Computer zu bieten hat. Ich bin offen dafür, ich kann mich damit anfreunden und ich möchte etwas dazulernen. Aber manchmal setze ich mich an diese Maschine und fühle mich schon überfordert, noch bevor ich überhaupt angefangen habe. Es gibt einfach so viel, durch das man sich hindurchkämpfen muss. In welchen neuen Informationsstürmen werde ich heute bestehen müssen? Und wenn schon ich mich so fühle, wird es anderen vermutlich ähnlich gehen.

In einer Phase der Entmutigung, als ich kurz davor war, die Kiste abzuschalten, hatte ich plötzlich das Gefühl, mein Computer wolle mir etwas sagen. Es kam mir vor, als würde er mir auf die Schulter klopfen und raten: »Nutze mich gut. Sei vorsichtig. Hab keine Angst, aber sei auch kein Narr. Wenn es darum geht, das Beste aus mir herauszuholen, erinnere dich an deine Megaskills.«

Es stimmt, dass Megaskills besonders wichtig sind, wenn wir uns von dem, was um uns herum vorgeht, überfordert fühlen. Megaskills sorgen für Sicherheit und Stärke in Zeiten der Veränderung.

Selbstvertrauen

Wenn ein Computer tatsächlich reden und uns etwas über Megaskills sagen könnte, würde sich das sicher so anhören: »Denk daran, dass ich eine Maschine bin. Nicht ich steuere dich – du steuerst mich. Lass dich nicht von mir einschüchtern. Nutze das, was du über mich weißt, um mehr zu lernen. Hilf anderen dabei zu lernen, wie man mich benutzt.«

Wenn Sie Software für Ihre Kinder verwenden oder kaufen, suchen Sie nach solcher, die durchdachte, anregende Aktivität liefert. Greifen Sie nicht zu eindimensionalem Zeug nach dem Motto »hier klicken und da kommt das Vögelchen raus«. Die

Software, die Sie auswählen, soll Ihrem Kind helfen, Vertrauen zu entwickeln und einen Computer für verschiedene Zwecke zu benutzen.

Motivation

Denken Sie mal über das Wort »Suche« nach. Es steht auf jedem Bildschirm und gibt uns einen deutlichen Hinweis darauf, wie der Computer zu benutzen ist.

Suchen Sie ein Ziel. Versuchen Sie, nicht ziellos herumzusurfen – das kann leicht in Zeitverschwendung ausarten. Um Ihrer Beschäftigung mit dem Internet eine Richtung und Motivation zu geben, suchen Sie sich jeden Tag ein neues Gebiet oder Thema, über das Sie etwas erfahren wollen.

Vergessen Sie nicht, Ihre Kinder daran zu erinnern, dass Werbung immer noch Werbung ist – egal, ob im Internet, im Fernsehen oder in Zeitschriften. Kinder müssen Werbung im Netz gegenüber genauso wachsam sein wie in jedem anderen Medium.

Verantwortung

Gehen Sie verantwortungsvoll mit der Information um, die Sie bekommen. Überlegen Sie sich, worauf es zu achten gilt, was Sie ignorieren sollten und worüber Sie mehr erfahren möchten. Nur weil eine Information auf Ihrem Bildschirm erscheint, heißt das nicht, dass sie stimmt oder es wert ist, wahrgenommen zu werden.

Spornen Sie Ihre Kinder an, auch andere Quellen zu nutzen. Überprüfen Sie Informationen aus dem Internet mithilfe von Zeitungen, Zeitschriften und – ja, auch das – Büchern (aus einer Bibliothek). Erinnern Sie Kinder immer wieder daran, ihr eigenes Urteilsvermögen einzusetzen.

Disziplin

Kinder sollten bei Schularbeiten und anderen Aufgaben mehr tun, als nur in ein Internet-Lexikon zu klicken. Informationen aus dem Netz sind nur der Ausgangspunkt.

Ermuntern Sie Ihre Kinder, diese Informationen mit der Realität, mit alltäglichen Erfahrungen zu verknüpfen. Bringen Sie sie dazu, auch mal vom Bildschirm wegzugehen und sich mit Leuten über das zu unterhalten, was sie lernen, und Fragen zu stellen. Das ist die wahre Bedeutung des Wortes »interaktiv«.

Initiative

Achten Sie auf Abhängigkeit vom Computer. Die ist dann gegeben, wenn Kinder zu viel Zeit vor dem Bildschirm verbringen. Das ist nur eine Stufe besser als die Sucht nach Fernsehen: relativ passiv und auf Kosten von »aktiver« Zeit.

Es liegt an Ihnen für mehr Eigeninitiative zu sorgen, indem Sie Ihrem Kind helfen, eine eigene Homepage zu gestalten. Aktualisieren Sie sie gemeinsam und verlinken Sie sie mit anderen Sites. Das ist die moderne Variante der innerfamiliären Kommunikation. Das wird zwar vermutlich nicht allzu viele Leute interessieren, aber zum Beispiel Großeltern, die selbst online sind, erweisen sich mit Sicherheit als begeisterte Leser.

Ausdauer

Computer sind in Sachen Durchhaltevermögen tolle Lehrer. Sie sorgen für unbegrenzte Frustration, mit der wir fertig werden müssen. Ein falscher Tastendruck, und die Maschine stürzt ab – dann müssen wir kämpfen und durchhalten, um sie wieder zum Laufen zu bringen. Und schon das Warten auf das Laden von Seiten aus dem Netz oder auf das Ausdrucken eines Dokuments können Lektionen in Sachen Ausdauer sein.

Geben Sie Ihren Kindern die Möglichkeit, diese Frustration mit Ihnen gemeinsam zu erleben. Ersparen Sie sie ihnen nicht. Lassen Sie sich auf der anderen Seite auch von Ihren Kindern unterstützen und trösten, wenn Sie mit den Tücken der Technik ringen.

Fürsorge

Achten Sie auf das, was Sie anklicken, und darauf, mit wem Sie online kommunizieren. Ausflüge im World Wide Web unterscheiden sich gar nicht so sehr von Spaziergängen in allen möglichen Stadtteilen. Es gibt sichere und weniger sichere Gegenden. Und so, wie wir unsere Kinder vor Kriminalität auf den Straßen warnen, müssen wir sie vor üblen Sachen im Internet warnen (allerdings auch hier ohne sie total zu verängstigen).

Suchen Sie mit Ihren Kindern nach sicheren Websites und Diskussionsforen. Viele Kinder machen tolle Erfahrungen mit Brieffreunden ihres Alters in ganz verschiedenen Regionen der Welt.

Teamgeist

Setzen Sie sich gemeinsam mit Ihrem Kind vor den Computer (wie auch vor den Fernseher). Nehmen Sie sich Zeit, zusammen das Internet zu erkunden. Reden Sie über das, was Sie finden, und tauschen Sie Ihre Ansichten, Beobachtungen und Einschätzungen aus. Bildschirm und Keyboard scheinen Freunde und Familienangehörige sowieso zum Mitmachen einzuladen.

Gesunder Menschenverstand

Man kann auch des Guten zu viel bekommen. So, wie Sie ein Zeitlimit fürs Fernsehen etabliert haben, sollten Sie auch die Zeit am Computer begrenzen.

Benutzen Sie einen Wecker, eine Stoppuhr oder eine Eieruhr. Uhren helfen Konflikte zu vermeiden, wenn mehrere Kinder sich einen Computer teilen. Wenn der Internet-Zugang das Telefon der Familie blockiert, sind weitere Konflikte vorprogrammiert. Nutzen Sie Ihr Urteilsvermögen, um die Zeiten für die Computerbenutzung gerecht einzuteilen.

Probleme lösen

Computer sind keine Problemlöser. Sie können unsere Gehirne nicht ersetzen. Sie sind jedoch in der Lage, uns mit Informationen zu beliefern, die uns vielleicht bei der Lösung eines Problems helfen.

Beteiligen Sie sich an den Diskussionsforen über Kindererziehung, deren Zahl im Netz ständig zunimmt. Viele dieser Newsgroups bieten Expertenrat und beantworten auch individuelle Fragen. Hier kann man erfahren, wie andere Familien mit ähnlichen Problemen umgehen. Das hilft gegen das Gefühl, ganz allein damit und die einzige Familie mit Problemen zu sein. Das Web sorgt für Austausch und das Entwickeln neuer Ideen. Man erfährt von anderen Möglichkeiten und Wegen zur Beseitigung von Schwierigkeiten, die einem vorher unüberwindlich erschienen. Das ist wie eine neue Gemeinschaft von Nachbarn und Freunden.

Konzentration

Im Internet gibt es so viel zu entdecken; es erscheint einem manchmal wie ein ganz fremdes Land. Wenn wir wissen, wonach wir suchen, wird es zum Wunderland. Wenn nicht, treten wir vielleicht voreilig den Rückzug an. Dabei gibt es Hilfe. Jeden Tag findet man neue Anleitungen und »Landkarten« für das Web in Zeitungen und Zeitschriften. Legen Sie sich eine Übersicht mit Ihren Lieblingsseiten an. Das wird Ihre eigene Landkarte, damit Sie in diesem neuen Land nicht vom Weg abkommen, sich konzentrieren können und Ihre Ziele erreichen.

Die virtuelle Realität ist nicht die echte Wirklichkeit

Machen wir uns nichts vor: Die Realität des Cyberspace ist wie die Kopie eines berühmten Gemäldes. Es ist, als sähe man sich ein Familienvideo an, statt die Verwandten selbst zu treffen, oder als betrachte man Notre-Dame oder die Niagarafälle auf Fotos, statt sie vor Ort zu besichtigen. Es ist besser als nichts, aber eben nicht das Echte. Das Echte ist besser. Und genau darum sind die Megaskills-Übungen auch so wichtig. Nutzen Sie die folgenden Seiten, um das Echte zu erleben … Denn was jetzt kommt, ist etwas Echtes.

Selbstvertrauen

Das Gefühl, es schaffen zu können

Wir wissen, was es bedeutet, wenn Kinder sagen:
»Ich kann das einfach nicht.«
»Die anderen Kinder sind besser als ich.«
»Ich habe Angst.«
»Ich brauche es gar nicht erst zu versuchen.«
Das sind Hilferufe nach mehr Selbstvertrauen. Und sie tun uns in der Seele weh. Wenn unsere Kinder kein Selbstvertrauen haben, beeinträchtigt das irgendwie auch unser eigenes Selbstwertgefühl.

Aus der Praxis:
»Ich erinnere mich an den Topflappen, den ich in der dritten Klasse gehäkelt habe, er bestand aus gelben, roten und orangefarbenen Maschen. Er war ein Geschenk für meine Mutter, und mein Gott, war sie stolz. Das gab mir auch ein gutes Gefühl!« Dies sind die Worte eines Mannes Ende fünfzig. Er hat einen Doktortitel und sich mehrfach wissenschaftlich hervorgetan. Aber als er nach seiner wichtigsten Erfahrung zum Thema Selbstvertrauen gefragt wurde, erzählte er von seinem Topflappen.

Über Selbstbewusstsein wird heutzutage viel geredet. Das ist wichtig, aber es bleibt nur heiße Luft, solange keine praktische Erfahrung damit verbunden ist. Selbstvertrauen ist keine eigenständige Sache: Es ist ins tägliche Leben gemischt, als das Ergebnis fortgesetzter Bemühungen nach Erfolgserlebnissen.

Die Übungen in diesem Kapitel sollen Kindern positive Erfahrungen in ihrer unmittelbaren häuslichen Umgebung bescheren. Dafür brauchen Sie kein Geld und nicht besonders viel Zeit. Die Erlebnisse verstärken bei Kindern das Gefühl, die Dinge im Griff zu haben, steigern ihren Mut, fördern ihren Familiensinn und vermindern ihre Furcht vor Neuem und Unerwartetem. Sie sollen Kindern das Gefühl, »damit werde ich fertig«, vermitteln.

Unser Ziel ist es, Kindern dabei zu helfen, Respekt vor sich selbst und anderen zu entwickeln, denn das ist die Voraussetzung für echtes Selbstvertrauen. Auf diesem Fundament bauen sie ihr ganzes Leben lang weiter auf.

Selbstvertrauen üben

Sich Übungen auszudenken, die das Selbstvertrauen von Kindern stärken, ist gar nicht so einfach. Diese Erfahrungen dürfen nicht zu schwierig sein, damit die Kinder damit fertig werden, und nicht zu leicht, um wirklich etwas zu bewirken, außerdem müssen sie für die Eltern realisierbar sein.

Selbstbewusstsein ist wie Ebbe und Flut. Es befindet sich nicht immer auf dem Höchststand. Es gibt Tage, da wissen Sie, dass Sie mit allem fertig werden, und Tage, an denen Ihnen schon das Aufstehen am Morgen schwer fällt. Kindern geht es genauso.

An solchen Tagen hilft es, wenn man sich an Gelegenheiten erinnern kann, bei denen etwas Schönes passiert ist, man etwas gut hingekriegt oder auch mal Schwierigkeiten überwunden hat. Das gibt einem die Kraft, auch Tage zu überstehen, an denen sich das Selbstvertrauen auf seinem Tiefststand befindet.

Solange Kinder noch klein sind, bedarf es keiner bedeutenden Aktionen, um ihnen zu helfen, Selbstbewusstsein zu entwickeln. Kleine Herausforderungen haben da schon große Wirkung. Sie können zu Hause mit alltäglichen Gegenständen wie dem Telefon oder dem Fernseher realisiert werden.

Das Telefon ist ideal, um Kindern das zu geben, was ich Selbstvertrauens-Praxis nenne. Kleine Kinder rufen die Oma oder einen Freund an und üben sich so schon früh in der Kunst der Konversation. Etwas ältere Kinder reden einfach gerne, aber sie nutzen das Telefon auch, um bestimmte Informationen zu bekommen oder weiterzugeben.

Die folgenden drei Übungen mit dem Telefon entsprechen den Bedürfnissen und Fähigkeiten von Kindern in verschiedenen Altersgruppen.

Zeit zum Telefonieren (4–6 Jahre)

Für diese frühe Leseübung brauchen Sie ein Telefon, kleine Notizzettel, Wachsmalkreide oder einen Bleistift.

Zeigen Sie Ihrem Kind Ihre eigene Telefonnummer. Sprechen Sie jede einzelne Ziffer, während Sie mit dem Finger darauf deuten.

Schreiben Sie jede Ziffer auf einen eigenen Zettel. Jetzt bringen Sie die Zettel von links nach rechts in dieselbe Reihenfolge wie Ihre Telefonnummer. Lassen Sie Ihr Kind die Nummer laut von den Zetteln vorlesen. Bei Bedarf helfen Sie ihm dabei.

Als Spiel können Sie die Zettel mischen und Ihr Kind die Telefonnummer neu zusammensetzen lassen. Am Anfang darf sich Ihr Kind an der Nummer, die auf Ihrem Telefon steht, orientieren. Dann versucht es das ohne diese Hilfe.

Bitten Sie Ihr Kind dann, Ihre Telefonnummer auf ein größeres Stück Papier zu schreiben. Vielleicht haben Sie Lust, dieses Blatt aufzuhängen, damit jeder es sehen und bewundern kann.

Wenn Sie zusammen unterwegs sind, lassen Sie Ihr Kind zu Hause anrufen. Wenn Sie es so einrichten können, dass dann auch jemand zu Hause ist, hat ihr Kind ein zusätzliches Erfolgserlebnis.

Um Hilfe rufen (6–9 Jahre)

Mit dieser Übung soll Ihr Kind lernen, das Telefon zu benutzen, um einen Notfall zu melden. Das ist besonders wichtig, wenn Kinder allein zu Hause sind. Sie brauchen dazu ein Telefonbuch, ein Telefon, Leuchtstifte und Papier.

Bitten Sie Ihr Kind, aus dem Telefonbuch die Nummer von Feuerwehr und Polizei herauszusuchen, die üblicherweise ganz vorne stehen.

Wenn Sie noch keine haben, legen Sie gemeinsam eine Liste wichtiger Telefonnummern für Notfälle an. Deponieren Sie diese gut sichtbar in der Nähe des Telefons.

Polizei/Notruf _____
Feuerwehr _____
Freunde/Nachbarn _____
Papa im Büro _____
Mama im Büro _____

Üben Sie abwechselnd, was man sagen muss, wenn man einen Notfall telefonisch meldet. Zum Beispiel: Jemand im Haus hat sich verletzt; Ihr Kind riecht Rauch oder sieht Feuer.

(Siehe Kapitel »Probleme lösen«, S. 176, für weitere Übungen zum Thema Sicherheit.)

Erfinderische Eltern denken sich Reime aus, mit deren Hilfe sich auch kleinere Kinder Telefonnummern merken kön-

nen. Etwa: »Unter 431 578 erreichst du Oma Tag und Nacht.«
Überlegen Sie sich eine eigenen Reim, der zu ihrer Nummer
passt.

Auf der Jagd nach Information (10–12 Jahre)

Mit dem Telefon können Kinder üben, wie man an ge-
wünschte Informationen kommt, zum Beispiel die Anfangs-
zeiten eines Kinofilms oder die Öffnungszeiten der Bibliothek. Dafür brauchen Sie ein Telefon, ein Telefonbuch und
Zeitungen.

Sagen wir mal, Ihre Familie plant eine größere Anschaffung,
zum Beispiel eine Waschmaschine. Bitten Sie Ihr Kind, mindestens zwei entsprechende Anzeigen herauszusuchen und anschließend ein paar Anrufe zu tätigen, um von den jeweiligen
Geschäften Informationen zu bekommen. Beispielsweise: Wie
lange gilt die Garantie und was umfasst sie? Wann kann das
Gerät geliefert werden? Lassen Sie Ihr Kind mindestens bei
zwei Läden anrufen und die Antworten auf diese Fragen vergleichen.

Oder vielleicht planen Sie einen Familienausflug. Bevor es
losgehen kann, brauchen Sie noch ein paar Informationen.
Lassen Sie die Kinder einen Ort in der näheren Umgebung
aussuchen, die richtige Bus- oder Bahnverbindung in Erfahrung bringen usw. Wie genau kommt man an den gewünsch-
ten Ort? Wie lange dauert die Fahrt? Was kosten die Fahrkar-
ten? Zum Hörer zu greifen und diese Fragen zu stellen, mag
vielleicht keine Heldentat sein, aber es verlangt ein wenig Mut
und stärkt das Selbstvertrauen.

Wir sind von lauter Dingen umgeben, die unser Selbstvertrauen vergrößern können. Nehmen wir zum Beispiel ein
Fahrrad. Kleinere Kinder wollen lernen, darauf zu fahren,
ohne umzufallen. Für größere ist es ein praktisches Transport-

mittel, etwa wenn sie eine Flasche Milch holen sollen. Darüber hinaus könnte es der Anfang einer Karriere als Radrennfahrer sein.

Herrscher über den Fernseher

Welchen Lernwert hat eigentlich Ihr Fernsehgerät? Als Erstes lernt ein Kind, wie man es einschaltet. Der nächste Schritt besteht darin herauszufinden, was man sehen möchte. Danach wird das Selbstvertrauen des Kindes auf die Probe gestellt, wenn es das Gerät auch selbst ausschalten soll.

Ein Punkt, der in den meisten Familien irgendwann zur Sprache kommt, ist die Reduzierung des Fernsehkonsums. Kinder sind heutzutage die wichtigsten Zuschauer, diejenigen, die täglich einschalten, um etwas zu lernen oder sich unterhalten zu lassen.

Es ist eine Kunst, das Fernsehen richtig zu nutzen, so dass die Kinder davon profitieren, und weder ins eine Extrem verfallen – sechs Stunden täglich vor der Glotze sitzen – noch ins andere – totales Fernsehverbot aus Angst, die Kinder könnten süchtig danach werden.

Familien, die ganz ohne Fernseher auskommen, sind selten, aber wo es kein Gerät gibt, besteht der Grund oft darin, dass die Eltern sich tief in ihrem Innern selbst nicht trauen: Sie fürchten, die Kiste nicht mehr abschalten zu können, wenn sie erst einmal da ist.

Die Verringerung des Fernsehkonsums ist eine der zweifellos guten Ideen, die am schwierigsten in Übungen umzusetzen ist. Die folgenden Vorschläge sollen Kindern helfen, wachsendes Selbstvertrauen zu zeigen, indem sie ihre Umgebung bestimmen und beeinflussen.

Aus der Praxis:
»Unsere Kinder sehen die Nachrichten im Fernsehen, bevor wir nach Hause kommen. Beim Abendessen erzählen sie uns dann, was in der Welt los ist. Sie interessieren sich jetzt viel mehr dafür, was im ganzen Land passiert. Fernsehen ist für sie nicht mehr reine Unterhaltung.«

Unsere TV-Diät (4-8 Jahre)

An dieser Übung ist die ganze Familie beteiligt; es geht darum, zu entscheiden, was gesehen werden soll. Sie brauchen dazu klare Köpfe, ein Fernsehprogramm und einen Leuchtstift.

Entscheiden Sie zusammen, wie viele Stunden jeder von Ihnen fernsehen sollte. Lesen Sie das Programm gemeinsam mit Ihren Kindern laut vor. Fragen Sie ab, welche Sendungen jeder gerne sehen möchte. Tauschen Sie Ihre Meinungen über Lieblingssendungen aus. Markieren Sie im Programm, was Sie ausgewählt haben. Die Kinder sollten Ihre Meinung zu den einzelnen Sendungen hören. Das hilft ihnen, einen eigenen kritischen Standpunkt zu beziehen.

Machen Sie gemeinsam eine Fernseh-Diät. Wenn Ihre Kinder gegenwärtig vier Stunden täglich fernsehen, reduzieren Sie diese Zeit in der ersten Woche auf drei Stunden pro Tag, in der darauf folgenden Woche auf zwei Stunden usw.

Schlagen Sie jüngeren Kindern vor, die Zeit, die sie vor dem Fernseher sitzen, selber genau festzulegen. Jede Familie muss da einen individuellen Plan ausarbeiten.

Hier ein Beispiel, wie eine Familie diese Übung handhaben kann: Die Eltern setzen die tägliche maximale Zeit vor dem Fernseher auf ein bis zwei Stunden fest. (Besonders lehrreiche und informative Sendungen kann man davon ausnehmen.) Die Kinder dürfen innerhalb dieses Zeitlimits und bis acht Uhr abends jede beliebige Sendung sehen.

Wenn diese Methode überhaupt nicht funktioniert, bewirkt sie doch immerhin etwas: Sie schärft das Bewusstsein dafür, wie viel Zeit die Familie vor der Flimmerkiste verbringt. Allein schon diese Stundenzahl zu kennen – meist ist es mehr, als wir vermuten –, kann eine gewisse Änderung im Fernsehverhalten bewirken.

Wer sieht was? (jedes Alter)

Im Rahmen dieser Übung führen die Kinder Buch über das Fernsehverhalten der Familie. Sie brauchen dafür einen Fernseher, das aktuelle Fernsehprogramm, Stift, Papier und ein Lineal.

Beginnen Sie mit der gemeinsamen Lektüre des Fernsehprogramms. Wählen Sie die Sendungen aus, die Sie allein oder zusammen sehen wollen. Dann zeichnen Sie mehrere Exemplare der folgenden Tabelle:

TV-Plan

Datum	Uhrzeit	Name der Sendung	Wer hat zugesehen?

In dieses Blatt trägt jeder ein, was er sich anschauen möchte. Kinder, die noch nicht schreiben können, diktieren ihre Wünsche.

Hängen Sie diesen Plan an einem gut sichtbaren Platz neben dem Fernseher auf. Am besten befestigen Sie dort auch gleich eine Schnur mit einem Stift daran. Nachdem man eine

Sendung gesehen hat, trägt man sich in der Rubrik »Wer hat zugesehen?« ein. Auf diese Weise lässt sich genau verfolgen, was ausgesucht und tatsächlich angeschaut wurde.

Vereinbaren Sie eine Belohnung, wenn Ihre Kinder es schaffen, mindestens drei Tage lang über ihr Fernsehverhalten Buch zu führen. Die Belohnung sollte nicht gerade in unbegrenztem Fernsehkonsum bestehen – wie wär's mit einem Picknick oder einem Besuch im Schwimmbad?

Fernsehkontrolle (jedes Alter)

Diese Übung unterstützt Familien bei der Kontrolle ihres Fernsehkonsums. Sie brauchen dafür eine Programmzeitschrift und Leuchtstifte zum Markieren.

Sprechen Sie über die Interessen und Hobbys der verschiedenen Familienmitglieder: Inline-Skaten? Briefmarken sammeln? Kochen? Am Wochenanfang gehen Sie das Fernsehprogramm auf Sendungen durch, die damit zu tun haben. Markieren Sie gemeinsam das, was die Familie sehen will. Jeder kennzeichnet seine Sendungen mit einer eigenen Farbe.

Wenn jemand sich für etwas Neues interessiert, nachdem er eine Sendung darüber im Fernsehen gesehen hat, versuchen Sie, aus anderen Quellen mehr zu diesem Thema zu erfahren. Zum Beispiel eine Computersendung: Sehen Sie danach Zeitungen und Zeitschriften auf Artikel über Computer durch.

Der Fernseher muss kein Ungeheuer sein, vor dem man sich fürchtet oder das man meidet. Übungen wie diese machen das Fernsehen zu der Informationsquelle, die es (auch) ist.

Von den Dingen zu den Menschen

Auf dem Weg zum Erwachsenwerden müssen Kinder lernen, mit Dingen oder Situationen umzugehen und mit anderen Menschen zu kooperieren. Selbstvertrauen erwächst aus beidem. Mit den folgenden Übungen werden Kinder mehr über ihre Familien und sich selbst erfahren, und sie bekommen die Möglichkeit, mehr Zuneigung zu den anderen Familienmitgliedern zu entwickeln.

Wenn man sich harmonisch um den Tisch versammelte Familien auf Fotos oder Gemälden ansieht, kommt man nicht auf den Gedanken, dass viele Kinder eine Phase durchlaufen, in der sie sich irgendwie für ihre Familie schämen. Manche überwinden dieses negative Gefühl sogar nie. Viel von dieser Scham – etwa wenn Mama sich komisch anzieht oder Papa nie die richtigen Worte findet – mag ein normaler Initiationsritus sein. Während Kinder doch so gerne sein möchten wie alle anderen, sind die Eltern vielleicht ein bisschen anders, sprechen einen »seltsamen« Dialekt oder haben sehr wenig Geld. Diese Scham tut sowohl Eltern wie Kindern sehr weh. Aber selbst wenn es keinen Weg geben mag, sie komplett zu beseitigen, glaube ich, dass es hilft, wenn Kinder mehr von ihren Eltern, besonders über deren Kindheit und Jugend, wissen.

Ebenso lieben Kinder es, etwas über sich selbst zu erfahren. Eltern gefällt diese Übung, weil sie ihre Kinder nicht nur dazu bringt, ernsthaft über sich nachzudenken, sondern auch für viel Gelächter sorgt. Sie hilft Familien dabei, sich an lustige Ereignisse zu erinnern, die manchmal ja erst rückblickend komisch sind – als der Riesenfisch mitsamt der Angel abhaute, als die Freunde für den falschen Tag zur Geburtstagsparty eingeladen wurden usw.

So wichtig bin ich (4–9 Jahre)

Diese Übung hilft Kindern, auf sich selbst und ihre Interessen stolz zu sein. Ein »Das-bin-ich«-Poster soll gebastelt werden. Sie brauchen dazu bunte Stifte, ein großes Stück Karton oder Blatt Papier, Schere, Klebstoff, alte Zeitschriften mit Bildern und, wenn möglich, ein paar Schnappschüsse von der eigenen Familie.

Blättern Sie gemeinsam die Zeitschriften durch und suchen Sie nach Bildern von allem, was Ihr Kind mag: Tiere, Essen, Kleidung. Diese Motive werden ausgeschnitten und auf den Karton oder das Papier geklebt. Wenn Sie eigene Fotos haben, verwenden Sie sie mit.

Versehen Sie die Ausschnitte und Bilder gemeinsam mit persönlichen Kommentaren. Ihr Kind möchte vielleicht zu einem Bild schreiben: »Das bin ich mit vier Jahren!« Oder: »Das ist ein Foto von meinem Bruder.« Sie fügen vielleicht hinzu: »Das ist ein schönes Kleid.« Oder: »Seht mal, was für einen großen Fisch wir gefangen haben.«

Vielleicht haben Sie danach Lust, auch Poster über die Lebensgeschichte anderer Familienmitglieder zu machen. Zeichnen Sie Bilder voneinander und hängen Sie diese auf.

Das Poster bekommt einen Ehrenplatz. Das signalisiert Ihrem Kind: »Du bist etwas Besonderes und deine Familie weiß das.«

Familien-Mobile (4–9 Jahre)

Diese Beschäftigung verbindet die Förderung des Familiensinns mit dem Spaß am Basteln. Sie brauchen dafür einen Kleiderbügel, ein paar Schnappschüsse oder selbst gemachte Zeichnungen aller Familienmitglieder, Bastelkarton, Klebstoff, Schere und etwas Nähgarn oder Nylonfaden.

Lassen Sie Ihr Kind die Bilder einzeln auf einen passend zugeschnittenen Karton aufkleben. Stechen Sie oben jeweils ein kleines Loch hinein, durch das Sie ein Stück Garn oder Faden fädeln. Binden Sie die Bilder damit gleichmäßig verteilt am Kleiderbügel fest.

Siehe da, schon haben Sie ein Gesamtbild der Familie, an dem Sie Ihren Spaß haben und über das Sie reden können.

Heute und damals (10–12 Jahre)

Diese Übung soll die verschiedenen Generationen miteinander ins Gespräch bringen, und zwar über die Kinderjahre aller Familienmitglieder. So werden die Erinnerungen daran geteilt.

Sie benötigen dafür eine Rolle Schrank- oder Packpapier, Farb- und Bleistifte und ein Lineal.

Kind und Eltern oder Großeltern zeichnen zunächst einen Zeitstrahl. Auf diese Weise rufen sie sich Ereignisse in bestimmten Lebensabschnitten ins Gedächtnis zurück. Entscheiden Sie gemeinsam mit Ihrem Kind, wann Ihr Zeitstrahl beginnen soll. Das kann mit der Geburt oder der Einschulung oder zu irgendeinem anderen Zeitpunkt sein. Überlegen Sie sich auch, wie viel Platz Sie pro Jahr veranschlagen wollen. Einen, zehn oder zwölf Zentimeter vielleicht? Zeichnen Sie für jeden eine eigene Linie.

Jetzt versuchen Sie, sich zu erinnern. Was gab es in Ihrem fünften Lebensjahr Besonderes? Kamen Sie damals in den Kindergarten? Was war mit Ihren Großeltern? Besuchten die als Kinder auch einen Kindergarten? Hatten Sie Haustiere? Was für welche? Tragen Sie gemeinsam ein, was jeder im jeweiligen Alter erlebt hat. Auch wenn Sie sich nicht mehr an alles erinnern, füllen Sie den Zeitstrahl aus, so gut Sie können.

Unterhalten Sie sich über Ihre Erinnerungen. Vergleichen Sie ähnliche Erfahrungen. Wo gibt es Unterschiede? Ich persönlich habe zum Beispiel nie eine so folgenschwere Entscheidung getroffen wie meine Eltern, als sie beschlossen, in ein unbekanntes Land auszuwandern.

Eine andere Methode, um Erinnerungen miteinander zu teilen, sind Interviews, die Kinder mit Großeltern oder Verwandten führen, die schon verschiedene Epochen erlebt haben: den Zweiten Weltkrieg, die DDR und den Ostblock, die biederen fünfziger Jahre, die wilden Sechziger, die Siebziger der Hippies und die politisch aufregenden späten achtziger und frühen neunziger Jahre. Am besten zeichnen Sie diese Gespräche mit einem Kassettenrekorder auf.

Führen Sie Gespräche über diese Interviews. Dabei treten vielleicht die besonderen Bindungen innerhalb der Familie zutage.

Möglich, dass Ihre Kinder dadurch Lust bekommen, ihr eigenes Familienarchiv anzulegen, in dem sie all ihre Erinnerungen sammeln, um sie später mit ihren eigenen Kindern zu teilen.

Was mache ich richtig? (10–12 Jahre)

Wir verbringen eine Menge Zeit damit, einander zu sagen, was wir falsch machen. Hier deshalb eine Übung, bei der es darum geht, einmal das festzuhalten, was wir richtig machen.

Sie brauchen dafür Papier und Schreibzeug.

Gemeinsam wird überlegt, und jeder schreibt mindestens zwei Dinge auf, die er an sich mag. Zum Beispiel: »Ich habe Sinn für Humor. Ich teile gerne mit anderen.«

Unterhalten Sie sich darüber, was die anderen an Ihnen mögen. Überlegen Sie sich Aufgaben für zu Hause, die Sie oder Ihr Kind gerne übernehmen würden. Beispielsweise: etwas im Haus reparieren, ein besonderes Essen für alle kochen, der Familie ein neues Spiel beibringen.

Aus der Praxis:
»Anstatt zu sagen, ›du hättest dich eben mehr anstrengen müssen‹, suche ich nach ermutigenden Formulierungen. Denn manchmal strengen sich meine Kinder sehr an, und es funktioniert trotzdem nicht. Sie sollen wissen, dass es sich trotzdem lohnt weiterzumachen, selbst wenn es schwer fällt und man manchmal verliert. Denn das ist der einzige Weg, um irgendwann auch zu gewinnen.«

Es braucht Mut

Das Sprichwort »Geld kommt zu Geld« lässt sich auch auf das Selbstvertrauen ummünzen: »Mut kommt zu Mut.« Manchmal müssen die Eltern Courage zeigen oder zumindest ihre Angst im Griff haben, um ihren Kindern in dieser Hinsicht ein Vorbild zu sein. Wir möchten, dass unsere Kinder vorsichtig, aber nicht ängstlich sind. Wie können wir ihnen dabei helfen?

Sie lehren Ihre Kinder diese Fähigkeit, während Sie auf die grüne Ampel warten oder am Strand, wenn Sie sich in hohe Wellen stürzen, oder am Fußballplatz, wenn Sie Ihren Sohn oder Ihre Tochter anfeuern, ein Tor zu schießen.

Stück für Stück lassen Sie Ihr Kind sich selbst auf die Probe stellen. Zuerst darf es mit dem Fahrrad allein bis zur Ecke fahren, dann um den Block, schließlich bis zum Supermarkt und irgendwann auf eine richtige Radtour. Schrittweise fördern Sie die Fähigkeiten, die man braucht, um mutig und zugleich vorsichtig zu sein.

Ich zum Beispiel habe Höhenangst. Wenn meine Kleinen auf dem Spielplatz die große Rutsche erklommen, war mein unmittelbarer Impuls loszukreischen: »Halt! Kommt sofort da runter! Ihr werdet euch wehtun!« Sie fühlten sich absolut wohl da oben. Ich war vor Angst wie versteinert. Es dauerte eine Weile, bis ich den Mut dazu aufbrachte, sie mutig sein zu lassen und ihnen nicht meine Furcht einzuimpfen. Sie sollten tapfer sein, auch wenn ich das nicht schaffte.

Selbstvertrauen und Erwartungen

In Kalifornien belegte vor ein paar Jahren eine Studie, dass »normale« Schüler in der Lage sind, sich selbst zu übertreffen, wenn hohe Erwartungen in sie gesetzt werden.

So lehrt man Selbstvertrauen:
Erfahrungen mit unseren Kindern teilen
Es gibt keinen Menschen, der immer voller Selbstvertrauen ist. Dennoch kann bei Kindern der Eindruck entstehen, alle anderen seien selbstbewusster als sie selbst und keiner – insbesondere Vater oder Mutter – hätte jemals Angst gehabt oder unter einem angeknacksten Selbstvertrauen gelitten.
Darum ist es wichtig, dass Sie Ihre Erfahrungen teilen. Im Klartext: Erzählen Sie Ihren Kindern, wann in Ihrer eigenen Kindheit Sie sich unschlagbar fühlten, dem Sprung vom Zehn-Meter-Brett oder dem Mathetest absolut gewachsen. Reden Sie aber auch von den Zeiten, als Sie nicht so selbstbewusst waren und sich davor fürchteten, vor der ganzen Klasse zu stehen, oder als Sie beim Einkaufen erst an der Kasse merkten, dass Sie nicht genug Geld dabeihatten und etwas zurücklegen mussten.
Tauschen Sie so viele Erinnerungen wie möglich aus.

Ein Gespräch in Gang bringen:
Das schüchterne Mädchen
Konzentrieren Sie sich auch mal auf ein bestimmtes Problem. Ich zum Beispiel hatte zu Beginn meiner Schulzeit Schwierigkeiten damit, vor der ganzen Klasse zu reden. Ich war schüchtern und fürchtete wahrscheinlich, die richtige Antwort nicht zu wissen.

Ich meldete mich nie und war das kleine stille Mädchen in der Ecke. Ich machte nur den Mund auf, wenn man mich aufrief und ich antworten musste.

Als ich das meinen eigenen Kindern erzählte, waren sie überrascht (ich rede heute so viel) und voller Mitleid. Sie begannen von ihren eigenen Erfahrungen zu erzählen – wann sie sich selbstbewusst fühlten und wann nicht. Ich erfuhr, dass meine ältere, damals neunjährige Tochter, ein Wunderkind in allen Fächern, Probleme damit hatte, in der Schule Freunde zu finden. Meine jüngere, sechsjährige Tochter dagegen verbrachte so viel Zeit mit ihren Freundinnen, dass sie kaum zu ihren Hausaufgaben kam. Das Gespräch war für alle eine Gelegenheit, sich gegenseitig zu ermutigen.

Zum Wesentlichen kommen
Ausgehend von speziellen Beispielen ist es leichter, im Gespräch mit Ihren Kindern auf grundlegendere Fragen zu kommen:
- Was löst Angst aus?
- Wirkt sich das, was wir zueinander sagen, auf unser Selbstvertrauen aus?
- Welches Lob würden wir gern hören?
- Wie können wir einander helfen, selbstbewusster zu werden?

Auf Fragen wie diese gibt es keine erschöpfenden Antworten. Doch bleiben Sie damit im Gespräch. Beginnen Sie bei Ihren eigenen Erfahrungen und ermutigen Sie Ihre Kinder, Ihre eigenen beizusteuern, wenn sie sich dazu bereit fühlen. Kommen Sie dann auf einige dieser grundsätzlichen Fragen zu sprechen, die uns das ganze Leben hindurch begleiten.

Wissenschaftler testeten in einer Schule die kognitiven Fähigkeiten der Schüler, verrieten die Ergebnisse den Lehrern jedoch vorerst nicht. Ohne die erzielten Leistungen zu berücksichtigen, teilten sie die Schüler anschließend nach dem Zufallsprinzip in zwei Gruppen. Den Lehrern sagten sie, eine Gruppe bestünde aus »Spätzündern«, deren Potenzial sich im kommenden Jahr zeigen werde.

Am Ende des Jahres hatte sich diese Prophezeiung erfüllt. Die »Spätzünder«-Gruppe unterschied sich zunächst von den anderen Schülern nur insofern, als die Lehrer von ihr Erfolg erwarteten. Aber die Schüler lösten diese Erwartung ein. Die Kinder hatten eine Botschaft erhalten, die ihr Selbstvertrauen stärkte.

Als Erwachsene wissen wir, was unserem Selbstbewusstsein gut tut. Dazu müssen wir nur etwas anpacken, etwas erreichen, die Initiative ergreifen. Nicht alles funktioniert. Aber wir wissen, dass es nicht funktionieren kann, wenn wir es nicht versuchen.

Genauso lernen Kinder – indem sie etwas versuchen. Wenn sie sich dazu aufraffen, stärkt das ihr Selbstvertrauen. Es ist gut, Kindern zu sagen, wie toll sie sind – aber das genügt nicht immer. Wenn Kinder und auch Erwachsene sich selbst als Macher sehen, entwickeln sie die Fähigkeit, mehr zu tun.

Aus der Praxis:
»Ich glaube, dass diese Übungen in gewisser Hinsicht mehr mir geholfen haben als meinem Kind: Ich werde geduldiger und teile meine Erfahrungen mit jemandem, der wirklich etwas lernen will. Das hat mir geholfen zu erkennen, dass ich sogar selbst noch nicht zu alt zum Lernen bin.«

Motivation

Der Wille, es schaffen zu wollen

Motivation merkt man Kindern an: Sie wollen bestimmte Sachen machen, sie lernen gerne. Sie erledigen ihre Hausaufgaben und ihre Pflichten im Haushalt ohne groß herumzunörgeln. Sie haben Pläne für den nächsten Tag, die nächste Woche. Sie sagen häufiger Ja als Nein.

In diesem Kapitel finden Sie Übungen, die Kindern helfen, die nötige Ausdauer zu entwickeln, um motiviert zu bleiben, trotz einer Niederlage weiterzumachen und sich der Konkurrenz oder einer Herausforderung zu stellen.

Leider gibt es kein Wundermittel, das ein apathisches Kind in ein überschäumendes Energiebündel verwandelt. Eltern können lediglich Aktivitäten anbieten, die die Begeisterung eines Kindes fürs Lernen wecken. Dieser Funke muss auf die Kinder überspringen, und sie müssen das Feuer selbst in Gang halten.

Folgende Fragen helfen, die Motivation zu fördern:
- Wie zerlegt man eine Aufgabe in leicht zu bewältigende Teilaufgaben?
- Wie setzt man sich zeitliche Vorgaben und schafft es, diese auch einzuhalten?
- Wie belohnt man sich selbst für etwas, das man gut gemacht hat?

Letztens habe ich in der Zeitung ein Foto von einer 91-Jährigen gesehen, die gerade den Berg Fuji erklommen hatte. Sie wurde mit der Aussage zitiert: »Man fühlt sich immer gut,

wenn man ein Ziel erreicht hat. Der Mensch braucht Ziele.«
Stimmt! Aber wie soll man sie sich setzen, wenn man neun
oder 91 Jahre alt ist? Und was braucht man, um mit Konkurrenzdruck, Scheitern und sonstigen Fährnissen zurechtzukommen?

Dazu bedarf es einer besonderen Zutat, die in der Motivation steckt. Und zwar der Fähigkeit, allen Entmutigungen zum
Trotz weiterzumachen. Diese Einstellung ist das A und O. Ein
Kind mit einem IQ von 160, das jedoch unmotiviert ist, lernt
vielleicht nichts und bekommt deshalb keine guten Noten,
während ein Kind mit einem IQ von 120, das sich anstrengt,
gute Ergebnisse erzielt und das schafft, was das von Natur aus
begabtere nicht erreicht.

Wenn ich mir Sportveranstaltungen im Fernsehen anschaue
und sehe, wie zwei Teams gegeneinander kämpfen, denke ich
mir: »Meine Güte, diese Spieler sind wirklich motiviert.« Und
dann denke ich an die Schüler, die ich im Laufe der Jahre hatte; manche von ihnen waren motiviert, andere konnte ich
nicht aus der Reserve locken.

Wie werden Menschen motiviert? Ich denke, das hat viel damit zu tun, ob man etwas so spannend findet, dass man dranbleibt, dass man sich sagt, »darüber möchte ich mehr erfahren« oder »darin möchte ich besser werden«.

Sicher können wir nicht anstelle unserer Kinder Feuer fangen,
aber der Funke kann von uns oder von anderen Menschen in
ihrer Umgebung auf sie überspringen. Wir wissen, dass Kinder
begeisterungsfähig sind. Sie können wild auf die neueste Musik, angesagte Klamotten oder einen aktuellen Kinofilm sein.
Wir müssen uns deshalb um Wege bemühen, sie dafür zu begeistern, eine bestimmte Fähigkeit zu entwickeln, die wie eine
gute Aktie Wachstumspotenzial besitzt. Wir alle brauchen
Dinge, die wir gerne lernen. Man muss kein frühreifes Mathe-
oder Schachgenie sein, um Feuer zu fangen, und es bedarf kei-

ner großen Flamme. Ein kleines, beständiges Glimmen genügt schon.

Die Buchhalterin Wanda erinnert sich, wie ihre Liebe zu Zahlen begann: Als Kind verkaufte sie an die Nachbarskinder und Klassenkameraden Süßigkeiten. Ihre Mutter gab ihr große Bögen Buchhaltungspapier und zeigte ihr, wie sie diese ausfüllen musste, um den Überblick über ihre Käufe und Verkäufe zu behalten. Wanda war begeistert. Sie konnte mithilfe ihrer Buchführung genau sagen, wie viel sie ausgegeben und wie viel Gewinn sie gemacht hatte. Ihre Schwester vermochte das nicht, und das verstärkte den Reiz wahrscheinlich noch. Sie fühlte sich als etwas Besonderes.

Jahre später, als es um ihre berufliche Eignung ging, bestätigte sich, was sie erwartet hatte. Die Antwort lautete: Finanzen, Bankwesen und/oder Buchhaltung. Wanda glaubt, dass es mit den Buchführungsbögen begann, die sie so gerne ausfüllte.

Bei den meisten von uns ist es nicht so eindeutig. Wir müssen ein paar Sachen ausprobieren, um die ein bis zwei Bereiche zu finden, die uns wirklich liegen.

Eine andere Möglichkeit ist, die Kinder an unserer eigenen Begeisterung teilhaben zu lassen. Das kann die Vorliebe fürs Skifahren oder Kochen, für lange Wanderungen oder Kurzgeschichten sein – einfach etwas, das wir aufregend finden. Und wenn es wider Erwarten so etwas in unserem Leben nicht gibt, dann sollten wir uns nach Menschen umsehen, die sich für etwas begeistern, und unsere Kinder mit ihnen zusammenbringen. Das kann der Nachbar mit seiner Hobbytischlerwerkstatt sein, die Schneiderin an der Ecke oder der Onkel mit seiner Angelleidenschaft.

Aus der Praxis:
»Vor einem Jahr brachte mein neun Jahre alter Sohn alle möglichen Ausreden vor, wenn er mit mir einkaufen gehen sollte. Er hatte einfach keine Lust dazu. Ich schlug ihm Folgendes vor: ›Wenn wir einkaufen gehen, kümmerst du dich um die Sonderangebote. Die Hälfte von dem, was wir uns dadurch ersparen, gehört dir.‹ Er meinte: ›Aber ich muss sie finden?‹ Und ich erwiderte: ›Ja, genau.‹

Also studierte er die Anzeigen und Postwurfsendungen auf Sonderangebote hin und bekam die Hälfte von dem, was wir uns dadurch ersparten.

Als Nächstes wollte er lernen, woran man gutes Obst und Gemüse erkennt. Dann bat er mich, ihm die Einkaufsliste zu geben. Er würde die Sachen selbst zusammensuchen.

Wenn ich ihm heute seinen Anteil am Ersparten geben will, lehnt er das ab. Er möchte einfach nur helfen.«

Motivationstraining

Eltern und Lehrer sind wie Trainer im Sport – sie ermutigen, sind beharrlich und geben manchmal den nötigen Schubs. Kinder müssen ihren eigenen Orientierungssinn entwickeln, aber wir können ihnen verschiedene Wege zeigen, um ihre Begeisterung zu wecken.

Dieses Kapitel enthält Übungen, die Kindern helfen sollen, Feuer zu fangen und mit dieser Motivation so umzugehen, dass sie lange anhält – wie bei der 91-jährigen Bergsteigerin.

Kampf der Langeweile

Kinder sind von Natur aus motiviert. Sie kommen wissbegierig auf die Welt, wollen etwas ansehen, berühren, erreichen – und genau diese Impulse sollten wir erhalten.

Direkt vor unserer Haustür wartet eine Welt voller neuer Erfahrungen nur darauf, auch die Kinder zu begeistern, die sich bitter beklagen: »Hier gibt es nichts, was man machen könnte.« Was wir tun, muss weder exotisch noch aufregend sein. Die folgenden Beispiele belegen, dass man nur genau hinzusehen braucht. Sie sollen Kindern (und Erwachsenen) dabei helfen, die Welt mit neuen Augen zu sehen.

Draußen (jedes Alter)

Beginnen Sie schon mit kleinen Kindern das Schöne und Geheimnisvolle unserer Welt zu erkunden: bei einem Spaziergang in der Dämmerung oder bei Regen. Unterhalten Sie sich darüber, was Sie dabei empfunden haben. Bleiben Sie gemeinsam auf, um den Mond aufgehen zu sehen; oder stehen Sie rechtzeitig auf, um den Sonnenaufgang zu beobachten. Betrachten Sie durch ein Vergrößerungsglas winzige Lebewesen, für die sich vor allem kleine Kinder begeistern können. Lauschen Sie auf den Wind und die Vögel. Wie riecht Regen, wie ein Lagerfeuer im Garten? Die Gabe, zu beobachten und alle Sinne einzusetzen, braucht ein Dichter genauso wie ein Wissenschaftler.

Spaziergang durch ein Einkaufszentrum (4–7 Jahre)

Wenn wir einkaufen gehen, passiert das meist in halsbrecherischem Tempo, während wir die Kinder hinter uns herzerren. Machen Sie deshalb mal einen Bummel, bei dem es nur darum geht, Ihren Kindern zu zeigen, was in den Geschäften hinter den Kulissen passiert. Besuchen Sie einen Blumenladen und schauen Sie zu, wie Gestecke gebunden werden. Werfen Sie, wenn man es Ihnen erlaubt, einen Blick ins Lager eines Supermarktes. Hier befinden sich die Waren, hier wird das Fleisch geschnitten usw. Was man »vorne« im Laden sieht, wird hier vorbereitet.

Zusehen und beobachten (4–7 Jahre)

Es gibt viel zu sehen und zu lernen, wenn man den Arbeitern an einer Baustelle gleich um die Ecke, am Flughafen oder am Bahnhof zusieht.

Schauen Sie hin, hören Sie zu und reden Sie über das, was Sie sehen. Wie viele verschiedene Tätigkeiten kann Ihr Kind entdecken? Verwenden manche Arbeiter Werkzeuge? Was für welche? Lesen einige Pläne oder Entwürfe? Was sagen die Leute zueinander? Wie sind sie angezogen? Wie scheinen sie sich untereinander zu verstehen? Wer ist der Chef? Woran erkennt man das?

Wenn Kinder Leuten beim Arbeiten zusehen, lernen sie, welche Berufe es gibt, und haben vielleicht eine Idee, was sie selbst später einmal werden möchten.

Es gehört zu den schönsten und motivierendsten Momenten, wenn Eltern und Kind zusammensitzen und sich darüber unterhalten, was sie beide sehen, während die Zeit stillzustehen scheint.

Amtsgericht (8–12 Jahre)

Anwälte und Richter gibt es nicht nur im Fernsehen. In jedem Amtsgericht finden auch öffentliche Verhandlungen statt; hier haben Kinder jeglichen Alters Zutritt.

Informieren Sie sich vorher am Gericht über die angesetzten Verhandlungen, darüber, in welchem Stadium sich diese befinden, ob es Geschworene gibt usw. Bevor Sie sich auf den Weg machen, erklären Sie Ihrem Kind, was es dort zu sehen bekommen wird: den Gerichtssaal, den Richter, die Anwälte beider Seiten, Zeugen. Eine Gerichtsverhandlung zu besuchen, ist für jeden aufschlussreich.

Öffentliche Verkehrsmittel (8–12 Jahre)

Sich ohne Auto von A nach B zu bewegen, kann wertvolle Erkenntnisse bringen. Sammeln Sie Bus- oder U-Bahn-Fahrpläne für ein Ziel innerhalb Ihrer Stadt. Lassen Sie Ihre Kinder herausfinden, welches Verkehrsmittel Sie benutzen müssen, wie lange Sie unterwegs sein werden und was die Fahrt kosten wird. Ihr Ziel könnte eine Bibliothek, ein Kino oder ein bestimmter Park sein. Sobald sie die zweckmäßigste Verbindung herausgefunden haben, lassen Sie Ihre Kinder die Probe aufs Exempel machen – allein oder mit der ganzen Familie.

Fremde Kulturen in unserer Stadt (jedes Alter)

Besuchen Sie ausländische Lokale und Geschäfte vor Ort. Sie brauchen ja nicht gleich ein kostspieliges Menü zu verzehren oder teure Anschaffungen zu machen. Lassen Sie Ihre Kinder sich einfach nur in Ruhe umsehen, essen Sie ein Dessert und kaufen Sie eine Postkarte o. Ä.

Wenn Sie mit Ihrem Kind in einer Großstadt unterwegs sind, spazieren Sie unbedingt auch durch Stadtviertel, die von Menschen aus aller Herren Länder geprägt sind.

Anreize bieten statt Meckern

Wie bekommt man Menschen dazu, etwas Bestimmtes zu tun? Sportler sagen, sie spornen sich mithilfe von Meditation, Mentaltraining, Vorbildern und Wettbewerb an. Lehrer bieten Anreize mit Noten. Arbeitgeber mit Löhnen und Gehältern.

> Aus der Praxis:
> »Wir schrieben uns Zettel, auf denen stand, was uns am anderen störte. Auf dem meiner zwölfjährigen Tochter stand: ›Du lässt mich nie etwas erklären. Du sagst immer Nein.‹ Ich wollte antworten: ›Nein. Das tue ich nicht.‹ Dann dachte ich noch mal darüber nach und schrieb: ›Ja, das tue ich. Das tue ich wirklich.‹«

Viele Eltern verlegen sich aufs Nörgeln, weil es so schön bequem ist. Aber es kann genau das Gegenteil von dem bewirken, was man erreichen möchte. Es kann Kinder dazu bringen, überhaupt nichts mehr zu tun. Das Nörgeln einzuschränken, kann im Gegenzug eine Motivation für beide Seiten sein. Die folgende Übung verringert Nörgeleien, weil dabei kaum gesprochen wird.

Sie verwenden Notizen – in Wort und Bild – als Merkzettel.

Verhängen Sie eine fünfminütige Schweigefrist. Statt zu sprechen schicken Sie einander schriftliche Botschaften. Probieren Sie das mal am Frühstückstisch aus. Schreiben Sie sich kurze Nachrichten wie »Bitte gib mir mal einen Toast« oder »Kann ich mein Pausenbrot haben?« Wenn Ihnen die Stille gefällt, die damit einhergeht, testen Sie die Methode für einen längeren Zeitraum und zu anderen Tageszeiten.

Fragen Sie Ihre Kinder: »Worüber nörgle ich am meisten?« Die Antwort könnte lauten: »Darüber, dass ich mein Zimmer nicht aufräume oder dass ich nicht Klavier übe.«

Auch viele Kinder sind gut im Nörgeln. Sagen Sie ihnen, worüber sie am häufigsten nörgeln. Das kann der Wunsch nach einem Eis oder der Benutzung des Autos sein – je nach Alter.

Wählen Sie mindestens ein Nörgelthema aus, das sowohl Ihnen als auch Ihrem Kind wichtig ist. Versprechen Sie einander, eine ganze Woche lang statt zu nörgeln einander Erinnerungszettel zu schreiben.

Bringen Sie ein schwarzes Brett für diese Nachrichten in der Küche oder im Wohnzimmer an. Sie können Ihre Zettel aber auch in der ganzen Wohnung verteilen. Hinterlassen Sie sie im Bad, auf der Treppe oder an anderen stark frequentierten Orten.

Nach einer Woche überprüfen Sie, ob Ihre Botschaft angekommen ist. Wenn es funktioniert hat, behalten Sie das Schreiben vielleicht weiterhin bei und schonen so Ihre Stimmbänder.

Durchhaltetraining

In ersten kleinen Schritten lässt sich Motivation systematisch aufbauen. Die folgenden Übungen sind dazu gedacht, Kinder anzuspornen und sie mit dem nötigen Durchhaltevermögen auszustatten, das man braucht, um motiviert zu bleiben.

Die ersten Schritte (jedes Alter)

Das alte chinesische Sprichwort, wonach die längste Reise mit einem einzigen Schritt beginnt, stimmt. Der erste Schritt, etwas zu tun, kann auch der schwerste sein.

Wir müssen unsere Kinder daran gewöhnen, diese überaus wichtigen ersten Schritte zu wagen. Eine Möglichkeit wäre, ihnen von unseren ersten Schritten zu erzählen. Wenn Sie sich noch daran erinnern, beschreiben Sie Ihren ersten Schultag oder jedes andere erste Mal, das Sie für berichtenswert halten. Und dabei müssen Sie nicht jedes Mal erfolgreich gewesen sein. Vielleicht ist es sogar besser, wenn Sie es nicht waren. Wichtig ist, dass sie es wieder und wieder versucht haben.

Bitten Sie Ihre Kinder, Ihnen von ersten Malen zu erzählen, die ihnen einfallen. Das kann der erste Schultag, die erste benotete Schularbeit, das erste Fahrradfahren oder das erste Mal Schwimmen ohne Schwimmflügel gewesen sein.

> Aus der Praxis:
> »Ich bin viel aufmerksamer geworden, was meine Tochter betrifft. Wir sehen uns Dinge gemeinsam an. Früher habe ich ihr nie Gelegenheit dazu gegeben. Wenn wir heute zusammen kochen, sage ich: ›Mach du das mal, probier es selbst aus.‹«

Erste Schritte sind schwer. Wir neigen dazu zu sagen: »Ach, komm, es ist ganz leicht«, aber das stimmt nicht. Unser Ziel beim Motivieren ist, den Kindern zu helfen, Optimismus und Mut für weitere erste Schritte zu fassen. Diese Lektion gilt es zu lernen, und ein Weg, sie zu lehren, ist, unsere Erfahrungen miteinander zu teilen.

Bevor Kinder eine Sache angehen, neigen sie dazu, zwei Fragen immer wieder zu stellen:
- Wie lange wird es dauern?
- Was soll ich noch mal genau machen?

Die nächsten Übungen für jüngere Kinder können dabei helfen, diese Fragen zu beantworten.

Stopp meine Zeit (4–6 Jahre)

Diese Übung wird Ihrem Kind den Unterschied zwischen »ein paar Sekunden« und »ein paar Minuten« verdeutlichen. Sie brauchen dazu eine Uhr mit Sekundenzeiger.

Bitten Sie Ihr Kind, fünf Sekunden lang den Sekundenzeiger zu beobachten. Zählen Sie die Sekunden gemeinsam. Jetzt tun Sie etwas in der gleichen Zeit. Wie oft kann Ihr Kind in fünf Sekunden in die Hände klatschen? Lassen Sie Ihr Kind den Zeiger nun eine Minute lang verfolgen. Wie weit können Sie gemeinsam in einer Minute zählen? Lesen Sie fünf Minuten lang zusammen in einem Buch und stoppen Sie die Zeit. Wie viele Seiten haben Sie gelesen? Halten Sie fünf Sekunden lang den Atem an, während Ihr Kind die Zeit stoppt. Dann tauschen Sie die Rollen. Stoppen Sie die Zeit, die Sie brauchen, um das Alphabet aufzusagen. Stoppen Sie die Ampelphasen, während Sie an der Kreuzung stehen. Messen und vergleichen Sie die Dauer von zwei Werbespots im Fernsehen.

Es gibt viele Möglichkeiten, um Kindern beim Entwickeln von Zeitgefühl zu helfen. Selbst Erwachsenen fällt es oft schwer, die Dauer von beispielsweise dreißig Sekunden abzuschätzen. Mit einem verbesserten Zeitgefühl kann man eher voraussehen, welches Tagespensum realistisch ist.

> Aus der Praxis:
> »Mein ältester Sohn kam irgendwann an einen Punkt, wo er keine Lust mehr auf seine Hausaufgaben hatte. Er wollte, dass Mama sie für ihn machte. Damals war er acht. Ich sagte zu ihm: ›Wir veranstalten einen Wettkampf.‹ Ich schrieb zum Beispiel ein Wort, das er dreimal schreiben musste, zehnmal. Wir stoppten die Zeit, und das Ganze machte ihm einen Riesenspaß. Natürlich ging es darum, wer als Erster fertig war.«

Erzähl's mir (4–9 Jahre)

Grundschullehrer berichten immer wieder von den Problemen ihrer Schüler mit dem Zuhören. Vielleicht liegt es daran, dass sie vor dem Fernseher von so vielen Eindrücken gleichzeitig bombardiert werden. Diese einfache Übung soll einen Kontrast zur multimedialen, lärmenden Umgebung bilden. Sie brauchen nur Ihre Ohren dazu.

Überlegen Sie sich eine Aufgabe, die Ihr Kind zu Hause übernehmen kann – den Tisch decken, den Müll hinaustragen, die Zeitung reinholen, die Wäsche einräumen. Formulieren Sie drei oder vier Anweisungen zu dieser Tätigkeit. Fordern Sie Ihr Kind auf, Ihnen genau zuzuhören, wenn Sie sie ihm sagen. Zum Beispiel: »Nimm vier Gabeln, vier Messer und vier Löffel. Lege Sie am Tisch auf vier Sets. Die Gabel gehört auf die linke Seite, Messer und Löffel kommen nach rechts.«

Lassen Sie sich von Ihrem Kind Anweisungen geben, die Sie

befolgen. Diese können einfach oder kompliziert sein, ganz wie Sie beide mögen. Passen Sie die Übung den individuellen Fähigkeiten Ihres Kindes an.

Wenn Ihr Kind schon lesen und schreiben kann, können Sie noch Stift und Papier dazu nehmen. So wird es eine »Schreib-auf-und-handle-danach«-Übung. Dann geben Sie die Anweisungen nicht mündlich, sondern schriftlich. Lassen Sie auch Ihr Kind seine Anweisungen schriftlich erteilen.

Besonderen Spaß macht es, wenn Sie etwas verstecken und dann Hinweise darauf geben, wie das Versteckte zu finden ist. Etwa: »Mach zwei Schritte vorwärts, dreh dich nach rechts, geh drei Schritte rückwärts.« Dann werden die Rollen getauscht und Ihr Kind versteckt etwas für Sie.

Bei besonderen Anlässen veranstalten Sie eine Schatzsuche im Freien. Stellen Sie je nach Alter eine Liste der Dinge zusammen, die es zu finden gilt, etwa einen kleinen Stein, einen Zweig, ein grünes oder rotes Blatt. Geben Sie den Kindern eine Papiertüte mit, in der sie ihre Schätze nach Hause tragen können. Wenn Sie möchten, stoppen Sie die Zeit, die die Kinder brauchen, um das Gesuchte zu finden. Dasselbe Prinzip können Sie auch beim Einkaufen anwenden. Etwa im Supermarkt bestimmte Produkte zu finden.

Wenn Kinder sehen, dass sie in der Lage sind, sich zu konzentrieren und eine Sache zu Ende zu bringen, wächst ihr Verlangen nach größeren Herausforderungen.

Dieses Haus ist ein Chaos (jedes Alter)

Ich kenne niemanden, der freudig und begierig putzt. Vielleicht liegt das daran, dass wir glauben, alles auf einmal tun zu müssen, und das natürlich nicht können. Also sind wir von vornherein entmutigt.

Genauso wie im Schulunterricht der Stoff in kleine Einheiten gegliedert wird, kann man den Hausputz aufteilen. Dann erscheinen die einzelnen Aufgaben plötzlich machbar, und selbst wenn sich die Kinder daraufhin vielleicht nicht fröhlich pfeifend ans Werk machen, wissen sie doch immerhin, wo sie anfangen sollen.

Entweder nimmt man sich ein Zimmer nach dem anderen vor oder eine bestimmte Tätigkeit, etwa das Fensterputzen, in allen Räumen. Bei Kindern kann das Aufräumen der Kleider und Spielsachen in ihrem eigenen Zimmer ein erster Schritt sein. Danach folgen vielleicht Staubwischen und später Staubsaugen.

Gestalten Sie sich die Arbeit angenehmer, indem Sie sie gemeinsam tun oder dabei Musik hören. Marschmusik soll sehr wirkungsvoll sein. Und Rock 'n' Roll bringt auch den Staubwedel in Schwung.

Machen Sie aus dem Hausputz ein Spiel. Schätzen Sie, wie lange Sie für eine bestimmte Tätigkeit brauchen, und stoppen Sie die tatsächliche Zeit. Wenn Sie sich alle die gleiche Arbeit vornehmen, können Sie um die Wette putzen, um zu sehen, wer der schnellere Putzteufel ist.

Ausreden gibt es nicht (7–12 Jahre)

Mit dieser Übung lernen Kinder, wie man Arbeit so einteilt, dass sie tatsächlich bewältigt werden kann und dass Ausreden nicht gelten – egal, ob zu Hause, in der Schule oder im Beruf.

Sie brauchen dafür Papier und Schreibzeug sowie ein Lineal.

Machen Sie gemeinsam einen Liste der Haushaltspflichten. Jetzt können die Kinder zwischen sechs Uhr morgens und ihrer Schlafenszeit festlegen, wann sie ihre jeweiligen Pflichten erledigen wollen. Schreiben Sie die Zeiten neben die Tätigkeiten. Das Ganze könnte dann etwa so aussehen:

Aufgabe	Zeit	erledigt
Tisch decken	6.30	_____
Hund ausführen	7.15	_____

Am nächsten Tag erledigen die Kinder ihre Pflichten (hoffent-lich) wie geplant. Wenn sie etwas erledigt haben, machen sie einen Haken in der Spalte »erledigt«.

Unterhalten Sie sich darüber, wann sie ihren Aufgaben nachgekommen sind. Haben sie alles geschafft? Wenn nicht, gab es dann gute Gründe oder Ausreden? Eine Ausrede wäre etwa, dass sie vergessen haben, den Tisch zu decken, weil sie beim Fußballspielen waren. Reden Sie darüber, dass man häu-fig Entschuldigungen vorbringt, um sich vor etwas zu drücken, und ob man das eher bewusst oder unbewusst tut.

Sehen Sie sich in Ihrem Zuhause um. Denken Sie über die Dinge nach, die erledigt werden müssten: den Schrank ausmis-ten, die Schubladen aufräumen, im Garten Unkraut jäten. Welche Ausreden führen Erwachsene an, um diesen Pflichten zu entgehen?

(Eine ähnliche Übung ist das Hausaufgabensystem auf S. 85)

Ein Schulterklopfer

Jede Familie muss für sich herausfinden, welche Art von Belohnung es für einen erledigten Abwasch oder fertige Hausaufgaben gibt. Kinder brauchen solche Signale. Bekommen sie Anerkennung dafür, dass sie still sind, oder dafür, dass sie sich zu Wort melden? Für ein gelesenes Buch oder fürs Fernsehen? Für die Befolgung oder für die Missachtung von Regeln? Es ist wichtig, dass diese Regeln klar, fair und von Dauer sind. Egal, ob es sich um ein Geschenk, eine gute Note, eine Gehaltserhöhung, ein Wort des Lobes oder um einen Kuss handelt: Eine Belohnung ist immer etwas Schönes.

Aus der Praxis:
»Ich habe eine Liste mit positiven Wörtern in meinem Ordner mit den Rechnungen. Wenn ich ihn aufschlage, ist sie das Erste, was ich sehe. Die Liste enthält Begriffe wie ›stolz‹, ›super‹, ›großartig‹, ›ausgezeichnet‹ und ›wunderbar‹. Ich brauche diese Ermutigung, weil es wirklich ein Haufen Rechnungen ist. Statt mich zu ärgern, benutze ich diese Wörter dann in Bezug auf mich und meine Kinder.«

Es gibt ein paar Grundregeln des Wettbewerbs, die jedes Kind lernen oder sich wenigstens anhören sollte. Wer sich der Konkurrenz stellt, muss auch verlieren können. Man darf sich nicht wie ein Versager fühlen, wenn man verliert, sondern muss sich hochrappeln und es noch mal versuchen.

Die folgende Szene ist für mich ein Sinnbild für die Kraft von Belohnungen. Es war an einem heißen Samstag in einem Restaurant einer Kleinstadt. Ein kleines Mädchen hatte gerade die Tür aufgemacht. Ihre Eltern waren hinter der Theke beschäftigt. Und dieses ungefähr acht Jahre alte Kind war auch beschäftigt. Es trug einen Stapel Servietten im Arm und hatte ein Lächeln im Gesicht, das sagte: »Mir ist kein bisschen langweilig. Es macht mir Spaß, etwas Wichtiges zu tun.« Das war seine »innere« Belohnung. Die äußerliche war das Lob seiner Eltern.

Wir können unseren Kindern helfen, ihre Stärken zu entdecken. Dann verfügen sie über das Selbstvertrauen und die innere Kraft, um sich Konkurrenz zu stellen.

Um konkurrenzfähig zu sein, müssen wir bereit sein, hart zu arbeiten, aber wir müssen auch wissen, was das Besondere an uns ist. Wenn Kinder im Klassenzimmer miteinander konkurrieren, ist das etwas anderes als auf dem Fußballplatz. Beim Fußball kann man gewinnen oder verlieren. Und auch wenn viel über das Spiel geredet wird, ist die wichtigste Meldung doch, wer gewonnen und wer verloren hat.

Im Klassenzimmer gibt es noch eine andere Möglichkeit zu gewinnen, und die hängt von der Persönlichkeit des Kindes ab. Ein Kind muss Antworten auf die Frage finden: »Was ist das Besondere und Einzigartige an mir?« Kinder, die das wissen, befinden sich in einer besseren Ausgangsposition als jene, die ihre individuellen Stärken nicht kennen.

Für die meisten von uns gibt es nicht den einen großen Sieg, nachdem der Kampf zu Ende ist. Jeder Tag bringt Siege und Niederlagen und wer am Ball bleibt und nicht den Mut verliert, hat bessere Chancen auf einen Sieg.

Bei jedem Tanzwettbewerb und bei jedem Fußballspiel kann man die gleiche Lektion lernen. Wenn Tänzer mitten in einem Solo stolpern und hinfallen, stehen sie sofort wieder auf und tanzen weiter, als sei nichts gewesen. Dasselbe gilt für Fußballspieler, die einen Elfmeter verschossen haben. Sie bleiben Mitbewerber und Mitspieler, weil sie weitermachen, und nicht, weil sie immer gewinnen.

Aus der Praxis:
»Um erfolgreich zu sein, muss ich wissen, wie Erfolg sich anfühlt. Ich habe das beim Sport erfahren. Während ich zu den sportlichsten zehn Prozent gehöre, würde ich meinen Sohn eher bei den unsportlichen zehn Prozent einordnen. Aber das heißt nicht, dass er nicht mitmachen kann. Er hat Freude am Sport und lernt daraus. Ich war jahrelang sein Fußballtrainer. Es gibt Eltern, die ihre Kinder zu immer härterem Wettbewerb drängen, aber ich möchte, dass ein Kind auch Erfolge erlebt.«

So lehrt man Motivation:
Erfahrungen mit unseren Kindern teilen
Wir begegnen so vielen Kindern, die sagen, dass sie sich langweilen. Früher war das eher ein Problem der Jugendlichen, aber heute klagen auch immer jüngere Kinder darüber. Die Lehrerin einer zweiten Klasse erzählte mir, dass sie mit ihren Schülern einen Ausflug in ein neues Museum gemacht habe. Bereits nach wenigen Minuten dort sei sie gefragt worden: »Ist das alles, was es hier gibt?« Viele Kinder sind durch das Fernsehen an sekündlich wechselnde Eindrücke gewöhnt. Sie sind es gewohnt, in ungeheurem Tempo von einer Sache zur nächsten zu springen. Kein Wunder, dass ihnen schnell langweilig wird.
Motivation entsteht, wenn man genug über etwas lernt, um wirkliches Interesse daran zu entwickeln. Das erfordert, dass man sich bis zu einem gewissen Grad in ein Thema vertieft, und das braucht seine Zeit.
Genau darum sind Hobbys für Kinder ebenso gut wie für Erwachsene. Wenn Sie als Kind ein Hobby hatten, zum Beispiel Modellflugzeuge basteln oder Mineralien sam-

meln, erzählen Sie Ihren Kindern davon. Helfen Sie Ihnen, eigene Interessen zu entwickeln. Sobald sie Feuer für etwas gefangen haben und sich tiefer in diese Sache hineinarbeiten, sind sie auch engagiert und motiviert.

Ein Gespräch in Gang bringen

Lernen ist die Basis jeglicher Motivation. Wir lernen permanent, sind uns dessen in unserer schnelllebigen Zeit aber normalerweise kaum bewusst.

Überlegen Sie, was Sie im letzten Jahr gelernt haben, in der letzten Woche, gestern. Was haben Sie über einen bestimmten Menschen erfahren, über einen bestimmten Arbeitsbereich? Unterhalten Sie sich darüber ruhig auch mit Ihrem Kind.

Und bitten Sie Ihren Sohn oder Ihre Tochter, Ihnen von einer oder zwei Lernerfahrungen aus der Schule zu erzählen. Vielleicht berichtet Ihr Kind von einer Neuigkeit am Schwarzen Brett oder von einer Beobachtung auf dem Schulweg. Das können bereits erste Schritte auf dem Weg zu neuen Interessen sein.

Zum Wesentlichen kommen

Kinder können vielleicht mit dem Wort »Motivation« noch nicht viel anfangen, aber sie sind in der Lage zu verstehen, was damit gemeint ist. Dabei helfen folgende Fragen:

Was spornt sie an? Was entmutigt sie? Lassen sie sich eher von bestimmten Menschen oder Themen motivieren?

Es gibt nichts Besseres, um die Motivation von Kindern zu stärken, als interessiert lernende Eltern, die sich für eine neue Idee begeistern. Was wollen Sie also als Nächstes lernen?

Wir wollen, dass unsere Kinder nicht aufgeben. Es wäre toll, wenn sie immer gewinnen würden, aber das ist nicht sehr wahrscheinlich – nicht einmal bei großen Siegern.

Verlieren und trotzdem gewinnen

Ein Wirtschaftsprüfer, der in seinem Beruf sehr erfolgreich war, hat mir einmal erzählt, wie er mithilfe des Sports gelernt hat, am Ball zu bleiben.

Er trainiert eine Jugendmannschaft, und selbst wenn sein Team unterliegt – was oft genug vorkommt –, redet er mit seinen Schützlingen über die kleinen Siege im verlorenen Spiel. Hat Tom einen Ball gehalten, den er früher nie erwischt hätte? Ist Stefan eine perfekte Flanke geglückt? Er sagt, dass in jeder Niederlage ein bisschen Erfolg steckt. Und es ist ihm wichtig, dass die Spieler seines Teams das auch wissen.

Was uns bei der Stange hält, ändert sich im Laufe der Jahre

Wir müssen uns dessen bewusst sein, was unsere Motivation in den verschiedenen Lebensphasen am Laufen hält. Was im Alter von fünf Jahren noch funktioniert, wird mit fünfzehn oder fünfzig vermutlich nicht mehr wirken. Ein kleines Kind lässt sich vielleicht mit dem Versprechen auf ein Fleißbildchen motivieren, der Teenager mit der Aussicht auf eine neue Jeans. Eine 45-jährige Frau erzählte mir, sie schwimme jeden Morgen vor der Arbeit eine Stunde lang. Um zum Schwimmbad zu kommen, nimmt sie eine knappe Stunde Anfahrt in Kauf. Sie macht das, um keine Tabletten schlucken zu müssen. Jedes andere Mitglied ihrer Familie schlucke morgens einen Haufen Pillen gegen Bluthochdruck. Solange sie täglich schwimmt, ist ihr Blutdruck in Ordnung. »Ich habe beschlossen, diese Pillen nicht zu nehmen«, sagt sie, »und wenn ich dafür ein Meer durchschwimmen muss.«

Disziplin

Die Bereitschaft, sich anzustrengen

Kennen unsere Kinder eigentlich noch den Wert einer Anstrengung, den Spaß an der Arbeit? Was weiß man heute über die Disziplin bei Schülern? Auf welche Weise lässt diese sich fördern? Was ist mit den Hausaufgaben und welche Rolle spielen die Eltern dabei? Dieses Kapitel gibt einige Antworten auf diese Fragen.

In jüngsten Untersuchungen baten Wissenschaftler der Universität Stanford amerikanische und japanische Mütter, die Leistungen ihrer Kinder im Fach Mathematik zu erklären. Dazu stellten sie ihnen folgende Fragen: »Warum ist ihr Kind so gut?« und »Warum ist ihr Kind nicht (noch) besser?« Als Antworten hatten die Mütter die Wahl zwischen den Stichwörtern »Begabung«, »Disziplin«, »Glück« und dem »Schulunterricht«. Die Mütter aus beiden Ländern antworteten sehr unterschiedlich.

Amerikanische Mütter gaben in überwältigender Mehrheit Begabung und den Schulunterricht als Gründe an, japanische Mütter dagegen Disziplin. Die Fünftklässler, die ebenfalls befragt wurde, teilten die Ansichten ihrer Mütter. Die amerikanischen Schüler sahen ebenfalls in der Begabung den Schlüssel zum Erfolg, während die japanischen Kinder als Gründe für schwache Ergebnisse in Mathematik ihre nicht ausreichenden Bemühungen angaben.

Können wir unseren Kindern eine Botschaft in Sachen Disziplin schicken, die auch bei ihnen ankommt? Die Wissenschaft bejaht das. Bei einem Experiment teilte man Grundschulkinder mit Problemen beim Subtrahieren in vier Gruppen ein: A, B, C und D. Jede Gruppe arbeitete allein an ihren Aufgaben. Ein Helfer kontrollierte die Arbeit in den Gruppen A, B und C alle acht Minuten. Bevor die Kinder mit einem neuen Aufgabenblock begannen, bekamen Sie neue Anweisungen. Der Gruppe A sagte man: »Ihr habt hart gearbeitet.« Bei Gruppe B hieß es: »Ihr müsst euch anstrengen.« Die Arbeit von Gruppe C wurde überhaupt nicht kommentiert. Gruppe D hatte mit der Hilfskraft gar nichts zu tun, sondern hörte nur mit zu, als die Anweisungen für alle ausgegeben wurden.

Die Ergebnisse sprechen eine deutliche Sprache: Demnach sollte man Kindern sagen, dass sie hart arbeiten. Die Gruppe, der man das sagte, leistete tatsächlich mehr als die anderen. Sie löste 63 Prozent mehr Aufgaben und machte im Test, der auf das Training folgte, dreimal so viel richtig. Diese Kinder zeigten auch mehr Selbstvertrauen im Hinblick auf den Test und ihre Fähigkeit, Lösungen zu finden.

In Australien kam man mit einer anderen Strategie zu ähnlichen Ergebnissen. Bei dieser Studie gratulierten Hilfskräfte den Kindern jedes Mal, wenn diese ihre Leistungen in Mathe ihren eigenen Anstrengungen bzw. dem Mangel daran zuschrieben, anstatt sich auf Glück oder Talent herauszureden.

Wie lassen sich diese Studien auf die Familie übertragen? Sie bedeuten, dass wir Kinder durch gutes Zureden zu größeren Anstrengungen bewegen und ihnen helfen können, zu erkennen, dass größere Anstrengung möglicherweise zu mehr Erfolg führt.

Und wie macht man das? Es sollte mehr sein, als nur ein Vortrag darüber, dass man sich Mühe geben muss. Als Erstes ist es vielleicht sinnvoll, wenn Kinder erfahren, was Disziplin ist und wie sie die erbrachte Anstrengung messen können.

Etwas über Disziplin lernen

Wenn manche Leute wüssten, was für einen immensen Unterschied schon eine kleine Extra-Anstrengung ausmacht, würden sie diese gern auf sich nehmen. Nehmen wir zum Beispiel eine Sekretärin, die – komme, was wolle – um fünf Uhr von ihrem Stuhl aufspringt, als ob er ein Schleudersitz wäre, während eine andere fragt, ob für den heutigen Tag alles erledigt sei.

In 99 von 100 Fällen wird die Fragende als Antwort hören, dass alles gemacht sei, danke. Die andere stellt die Frage nicht und bekommt folglich auch keine solche Antwort, aber ihr Verhalten wird registriert. Wenn es dann um Gehaltserhöhungen geht, ist es wahrscheinlich, dass dabei nur eine von beiden berücksichtigt wird. Auch wird man gegebenenfalls die eine bitten zu bleiben und sie sogar befördern; der anderen wird man möglicherweise nahe legen, das Unternehmen zu verlassen.

Wenn der eine Kellner sich mit einem interessierten Lächeln oder der Frage »Alles in Ordnung?« um Sie kümmert, während der andere sie ignoriert, ist wohl klar, wer das größere Trinkgeld bekommt.

Das Kind, das einen Zaubertrick übt, der Erwachsene, der sich mit einem Kreuzworträtsel plagt, der Tennisfreak, der Ball um Ball schlägt, die Eiskunstläuferin, die bis in die Nacht hinein trainiert – all diese Leute geben sich unglaublich viel Mühe und sie sagen, dass ihnen das Spaß macht. Und das ist auch so.

Genau das müssen wir unseren Kindern vermitteln. Im Folgenden finden Sie ein paar Vorschläge, wie Kinder Disziplin erlernen können.

Mein Tag (jedes Alter)

Nehmen Sie sich die Zeit, um mit Ihrem Kind über den Spaß an der Arbeit zu reden. Versuchen Sie dabei so konkret wie möglich zu sein. Wenn Ihnen Ihr Job Freude macht, umso besser. Wenn Ihnen nur Teilbereiche davon gefallen, erzählen Sie darüber. Berichten Sie von Vorfällen am Arbeitsplatz – die müssen gar nicht weltbewegend sein. Beschreiben Sie das befriedigende Gefühl nach einem besonders schwierigen Tag. Da war vielleicht dieser zögerliche Kunde, den Sie schließlich doch noch gewinnen konnten, der Kopierer im Büro, der einfach nicht funktionieren wollte, bis Sie endlich dahinter kamen, wo der Fehler lag, die Besprechung, die immer aggressiver wurde, bis Sie diesen Witz erzählten, der das Eis brach, das Papier, das Ihnen Lob vom Chef einbrachte.

Fragen Sie dann Ihre Kinder, wie ihr Tag war. Bringen Sie sie dazu, von ihren kleinen Erfolgen zu erzählen. Sie müssen nicht mit einer Eins aus der Schule kommen, damit es ein guter Tag war. Erkundigen Sie sich nach den kleinen Erfolgen am Rande: der neuen Freundin in der Pause, der Wortmeldung im Unterricht, der Umkleide, die einmal rechtzeitig vor dem Sportunterricht geöffnet wurde. Es sind diese Anstrengungen, die die Kinder an sich selbst bemerken und die sie in die Lage versetzen, sich noch ein bisschen mehr anzustrengen.

Manche Probleme lassen sich nicht schnell oder einfach lösen. Auch Ihren Frust dürfen Kinder mitbekommen. Vielleicht ärgern Sie sich über das Auto, das nicht richtig repariert wurde, die Post, die nicht abgeschickt wurde, das kaputte Telefon, die abgesagte Besprechung, den unpünktlichen Bus oder die ausverkaufte Milch im Supermarkt.

Wenn Sie über die Schwierigkeiten des Tages reden, sollten Sie jedoch auch besprechen, was Sie tun können – und was man nach Ansicht Ihres Kindes tun könnte –, um diese Probleme zu lösen. Befriedigung lauert in allen Ecken, wenn man darangeht, lösbare Schwierigkeiten zu beseitigen.

Die folgende Übung soll Kindern dabei helfen, Anstrengungen verschiedener Art um uns herum wahrzunehmen.

Die Extra-Runde (jedes Alter)

Zeigen Sie Ihren Kindern, was es wirklich bedeutet, sich anzustrengen. Nehmen Sie sich die Zeit, sie auf Leute aufmerksam zu machen, die eine »Extra-Runde« absolvieren: den Tankwart, der wirklich »vollen Service« leistet, indem er die Scheiben und vielleicht sogar die Scheinwerfer putzt, ohne dass man ihn darum bitten müsste. Die Kassiererin, die sich, statt mit ihren Kolleginnen zu plaudern, aufmerksam ihren Kunden widmet. Der Verkäufer, der auf die Frage, ob ein Artikel reduziert sei, höflich und erschöpfend Auskunft gibt, statt nur ein Grunzen von sich zu geben.

Sie können Ihr Kind für besondere Mühe sensibilisieren, indem Sie es auf Menschen, die diese aufwenden, hinweisen und Ihren Respekt davor zum Ausdruck bringen.

Ein Fehlschlag ist kein Weltuntergang (jedes Alter)

Es ist gut möglich, dass man alles versucht und trotzdem nicht erreicht, was man wollte. Das ist aber kein Grund, nicht zu kämpfen. Einer die häufigsten Gründe, die verhindern, dass wir alles geben, ist Angst. Die Angst, etwas falsch zu machen oder nicht perfekt zu sein. Die Entschuldigung dafür, es gar nicht erst zu versuchen, lautet oft: »Wenn ich nicht alles gebe, kann ich immer sagen, ich hätte ja nicht mein Bestes gegeben. Dann werde weder ich noch wird jemand anderer je wissen, ob ich nicht doch alles hätte erreichen können.«

Sport ist ein Bereich, in dem sich die Leute nicht zurückhalten können. Es gibt Sieger und Verlierer, aber alle geben ihr Bestes.

Gehen Sie gemeinsam mit Ihren Kindern die Sportseiten einer Zeitung durch. Fast jeden Tag finden Sie darin eine Geschichte über Athleten, die nicht aufgegeben haben, bis der Kampf wirklich vorbei war, die bis zum Ende des Spiels alles versucht haben.

Das sind ermutigende Geschichten. Unterhalten Sie sich darüber. Dabei mag es sich um übermenschliche Anstrengungen handeln, die man nicht jeden Tag leisten oder erwarten kann, aber sie geben eine Richtung an.

Hausaufgaben und Disziplin

Ich bin kein Fan der traditionellen Hausaufgaben, aber es gibt Schlimmeres. In meinen Augen sind Lehrer auch nicht automatisch besser, weil sie viele, oder schlechter, weil sie wenig Hausaufgaben aufgeben.

Ein Problem ist, dass die Fächer und die Schüler so verschieden sind. Hausaufgaben sind allerdings meist gleichförmig: Lektüre, die jeder lesen soll, und dann die üblichen Wiederholungen. Aber selbst dieser Drill hat einen gewissen Nutzen. Er gibt den Kindern, die ihn eigentlich nicht nötig haben, das Gefühl, vorneweg zu sein und den Lehrstoff gemeistert zu haben.

Der bemerkenswerte schulische Erfolg von asiatischen Einwandererkindern, die in die USA kamen, ohne auch nur ein Wort Englisch zu sprechen, hat hierzulande eine Diskussion über natürliche Begabung contra Erziehung in Gang gesetzt. Eine Untersuchung der Universität Stanford mit Schülern höherer Klassen kam zu dem Ergebnis, dass Amerikaner asiatischer Herkunft – unabhängig vom Bildungsgrad der Eltern – bessere Noten hatten als die anderen Schüler. Ja, je mehr Englisch zu Hause gesprochen wurde, desto schlechter waren die Noten. Die Wissenschaftler fanden heraus, dass asiatische Eltern ihre Kinder dazu bringen, härter zu arbeiten.

Die Stanford-Studie untersuchte auch die Zeit, die Kinder auf der High School mit den Hausaufgaben verbrachten. Die Unterschiede sind frappierend: Amerikanische Schüler asiatischer Herkunft arbeiteten knapp zwölf Stunden pro Woche, weiße Amerikaner acht Stunden und schwarze Amerikaner gute sechs Stunden für die Schule.

Bei den Mädchen waren es bei denjenigen asiatischer Abstammung mehr als zwölf Stunden, acht Stunden bei den weißen Amerikanerinnen und mehr als neun bei den schwarzen.

Amerikaner asiatischer Herkunft schnitten auch bei Anwesenheit und Aufmerksamkeit im Unterricht besser ab.

Eine Studie der Universität Michigan verglich Grundschüler aus den USA, aus Taiwan und Japan im Hinblick auf die Hausaufgaben. Amerikanische Erstklässler wenden demnach pro Tag etwa 14 Minuten für Hausaufgaben auf, die ihnen laut eigenen Aussagen verhasst sind. Gleichaltrige Kinder in Japan sitzen dagegen im Schnitt 37 Minuten, in Taiwan etwa 77 Minuten über den Hausaufgaben; in beiden Ländern gaben die Kinder an, dies gerne zu tun. Darüber hinaus hat das Schuljahr in Asien 240 Tage, in den USA dagegen nur 180.

In Asien glaubt man, harte Arbeit sei entscheidend, und gibt das bereits an die Kinder weiter.

Es gibt immer noch keinen Ersatz für harte Arbeit und für die Zeit, die sie beansprucht. Vielleicht kommt viel von unserem Stress daher, dass wir – und unsere Kinder – denken, alles sollte in kurzer Zeit leicht zu bewältigen sein. Aber das Wenigste ist leicht und schnell zu erledigen. Unsere Kinder müssen etwas über Ausdauer lernen und darüber, wie wichtig es ist, sich anzustrengen. Hausaufgaben sind dazu eine gute Übung.

Der Hausaufgabenkonflikt

Was auch immer die Lehrer tun, nie scheint es in Sachen Hausaufgaben eine goldene Mitte zu geben. Manche Eltern sagen, ihre Kinder hätten zu wenig auf. Andere meinen, es sei zu viel. Ich glaube, dass Kinder nicht unbedingt mehr Hausaufgaben brauchen, aber ich denke, sie müssen den Hausaufgaben, die sie haben, volle Aufmerksamkeit schenken. Kinder brauchen das Gefühl, dass ihre Eltern die Hausaufgaben als etwas Ernstzunehmendes betrachten.

Das sollte auch für Hausaufgaben gelten, die in den Augen der Eltern nur Beschäftigungstherapie oder Zeitverschwendung sind. Schüler müssen begreifen, dass Hausaufgaben etwas sind, das sie zu tun haben. Sie stehen nicht zur Disposition, selbst wenn die Arbeit langweilig, zu leicht oder zu schwer erscheint. Falls Schüler oder Eltern Einwände gegen eine Aufgabe haben, sollten sie mit dem Lehrer oder notfalls mit der Schulleitung darüber reden. Aber sie sollten Hausaufgaben nicht einfach ignorieren.

Der Schüler – und nicht seine Mutter oder sein Vater – ist für seine Hausaufgaben verantwortlich. Ich ärgere mich immer über Hausaufgaben, deren Anforderungen zu hoch sind – so dass die Eltern notgedrungen mit einbezogen werden müssen. Wie viel lernt ein Kind von einer Aufgabe, die eine müde Mutter um zwei Uhr morgens fertig stellt, während das Kind längst schläft? Eine ehrlich beantwortete Umfrage bei Elternversammlungen würde ans Licht bringen, dass viele Eltern Veteranen in diesen Mitternachtsprojekten sind, für die ihre Kinder Noten bekommen. Auf diese Weise lernen die Kinder weder den Stoff noch Ehrlichkeit.

Als Englischlehrerin habe ich meinen Schülern immer gesagt, dass die Hausaufsätze ausschließlich von ihnen geschrieben werden müssen, denn wenn die Eltern daran mitwirkten, würde ich ja niemals erfahren, wo ihre eigenen Schwächen lägen, und folglich nichts dagegen tun.

Ich ermutigte sie, über die Hausaufgaben zu reden und innerhalb der Familie Ideen auszutauschen, aber ich wollte sichergehen, letztendlich den Aufsatz des Schülers und nicht den eines Elternteils zu lesen.

Man vergisst leicht, dass die Hausaufgaben Aufgaben für unsere Kinder und nur für sie sind. Es sind ihre Probleme und ebenso ihre Erfolge.

Der Beitrag der Eltern

Das alles soll nicht bedeuten, dass wir als Eltern keine Rolle spielen. Das tun wir, denn wir stellen die Infrastruktur zur Verfügung, die es den Kindern ermöglicht, ihre Hausaufgaben erfolgreich zu erledigen.

Diese Infrastruktur zur Verfügung zu stellen, bedeutet, eine Basis zu schaffen, von der aus die Kinder operieren können. Es ist die Atmosphäre, die das Lernen fördert und Kinder erst zu Schülern macht.

Kinder brauchen Eltern, die Hausaufgaben wichtig finden, die sie das wissen lassen und die für die notwendige Disziplin sorgen, an die Kinder sich halten können.

Es gibt drei Erziehungsstile, die sich meiner Ansicht nach auf die Hausaufgaben auswirken:

- *Liberal/Laissez faire*: Der Erwachsene stellt geringe Ansprüche an das Kind und überlässt es weitgehend sich selbst.
- *Autoritär*: Der Erwachsene versucht mithilfe von Machtausübung und Bestrafung, das Kind entlang starren Verhaltensregeln zu formen.
- *Autoritativ*: Der Erwachsene legt die Regeln fest und über-

nimmt die Kontrolle ihrer Einhaltung, erkennt jedoch das Bedürfnis des Kindes nach Begründungen und Verständnis an.

Aus der Praxis:
»Wenn meine Kinder aus der Schule kamen, habe ich früher immer gesagt: ›Los, fangt mit euren Hausaufgaben an!‹ Heute planen wir den Tag so, dass sie Zeit für eine Pause und zum Reden haben, bevor sie sich ans Werk machen.«

Wissenschaftler, die sich mit der elterlichen Autorität befassen, sprechen sich allesamt für den autoritativen Erziehungsstil aus. Der Balance-Akt, der Eltern und Lehrern allerdings dabei gelingen muss, besteht darin, autoritativ, aber nicht autoritär zu sein.

Im Folgenden finden Sie einige »autoritative« Übungen, die dabei helfen, eine lernfreundliche Atmosphäre in einer strukturierten und fördernden Umgebung zu schaffen.

Der Arbeitsplatz (6–9 Jahre)

Alle Kinder brauchen zu Hause einen Platz, um ihre Hausaufgaben zu machen. Aber auch, wenn sie einen eigenen Schreibtisch haben, kann es sein, dass sie den Esstisch benutzen. Mit der Einrichtung eines »besonderen Ortes« bekommen Kinder ein Gefühl für die Bedeutung der Hausaufgaben. Schicke Möbel sind jedoch unnötig. Sie können auch einen alten Tisch verwenden, dessen Beine Sie entsprechend kürzen. Ferner werden ein Stuhl und eine Lampe benötigt.

Gehen Sie mit Ihrem Kind durch die Wohnung, um diese spezielle Arbeitsecke zu finden. Sie muss gar nicht groß sein, aber persönlich. Suchen Sie gemeinsam die benötigten Möbel aus; sehen Sie auf Ihrem Dachboden nach, fragen Sie Freunde oder gehen Sie gemeinsam auf einen Flohmarkt.

Ermutigen Sie Ihr Kind, seinen Arbeitsplatz selbst zu gestalten. Eine Grünpflanze oder ein bunter Ordner wirken manchmal Wunder. Selbst gemachte Kunstwerke aus der Schule sorgen für die ganz persönliche Note.

Der Arbeitsplatz kann ein eigenes Zimmer oder nur eine stille Ecke sein. Wichtig ist nur die damit verbundene Botschaft: Lernen wird in diesem Haus geschätzt und anerkannt.

Ein Hausaufgabensystem (10–12 Jahre)

Es gibt eine bessere Methode, als Kinder jeden Tag damit zu nerven, ob sie ihre Hausaufgaben schon gemacht haben. Mit dieser Übung führen sie selbst darüber Buch, was zu tun ist.

Sie brauchen dazu nur Bleistift und ein großes, festes Blatt Papier.

Erstellen Sie mit Ihrem Kind eine Hausaufgabenübersicht, die Sie auch an die Wand hängen können, etwa nach folgendem Muster:

	Deutsch	Mathe	Englisch	usw.
Mo				
Di				
Mi				
Do				
Fr				

Jeden Tag nach der Schule trägt Ihr Kind die Hausaufgaben für das jeweilige Fach mit einem selbst gewählten Symbol in die Liste ein. Erledigte Hausaufgaben werden mit einem Kreis um das Symbol gekennzeichnet. Befestigen Sie gleich neben dem Plan einen Stift, damit er immer greifbar ist.

Es ist für viele Eltern immer wieder eine Überraschung, wie gut dieses System funktioniert. Die Kinder bitten ihre Eltern, die Liste abzuzeichnen, wenn die Arbeiten erledigt sind.

Über Hausaufgaben reden

Unterhalten Sie sich mit Ihrem Kind über die erledigte Arbeit. Waren die Aufgaben schwer? Leicht? Möchte Ihr Kind über irgendetwas noch mehr erfahren? Überlegen Sie sich Besuche in einem Museum oder in einer Bibliothek zur Vertiefung. Die Hausaufgaben können der Ausgangspunkt für weiter gehende Interessen sein – denen Ihr Kind zum Vergnügen nachgeht.

Eine gute Lernatmosphäre (jedes Alter)

Sorgen Sie dafür, dass Ihr Zuhause (auch wenn es nur eine kleine Wohnung ist) eine gute Arbeitsatmosphäre ausstrahlt.

Sie möchten, dass Ihr Kind liest und sich möglichst umfassend informiert. Verteilen Sie also Bücher und Zeitschriften in der ganzen Wohnung – auch im Badezimmer. Studien haben gezeigt, dass dort viel gelesen wird. Dabei müssen es gar nicht die neuesten Bücher oder Magazine sein. Bitten Sie Freunde und Nachbarn, Ihnen ihre gelesenen Exemplare aufzuheben. Sie können auch eine Art Tausch organisieren, so dass immer frischer Lesestoff im Haus ist, wie frische Lebensmittel. Außerdem sollte Ihr Kind auch Sie lesen sehen. Unterhalten Sie sich mit ihm über das, was Sie gelesen haben.

Sie möchten, dass Ihr Kind so viel wie möglich schreibt. Deponieren Sie Notizblöcke und Stifte an vielen Stellen im ganzen Haus, vor allem neben dem Telefon, um Nachrichten zu notieren.

Außerdem wollen Sie Ihrem Kind zeigen, dass Sie seine schulischen Leistungen schätzen. Benutzen Sie eine Pinnwand oder Magnete am Kühlschrank, um Schularbeiten oder Bilder aus dem Kunstunterricht zu präsentieren. Sie können im Haus eine Wäscheleine spannen und daran die Werke Ihres Kindes mit Wäscheklammern befestigen. Den Kindern macht es obendrein Spaß, solche »Ausstellungen« mit neuen Werken selbst zu aktualisieren. Wenn dann die Eltern fragen: »Was hast du heute in der Schule gemacht?«, können sie mit Stolz auf das neueste Exponat ihrer eigenen Galerie zeigen.

Jeder lernt anders

Nach vielen Jahren Erfahrung mit Lernenden komme ich immer mehr zu der Überzeugung, dass das, was bei einem Menschen funktioniert, nicht zwangsläufig auch für einen anderen gut ist. Da gibt es jene, die im Stehen lernen müssen, anderen gelingt es nur im Sitzen, einige brauchen absolute Ruhe, während andere nicht ohne einen erheblichen Geräuschpegel im Hintergrund arbeiten können.

Wenn Kinder dasitzen und so aussehen, als würden sie still vor sich hin lernen, heißt das noch lange nicht, dass sie auch den Stoff aufnehmen. Lassen Sie sich von dem, was wie Lernen aussieht, nicht täuschen. Kinder entwickeln ihre ganz individuelle Art zu lernen, wichtig ist aber, dass dabei auch etwas hängen bleibt. Wenn ein Kind, das sich in absoluter Stille auf die Schule vorbereitet, den Lernstoff nicht beherrscht und bei

Prüfungen durchfällt, sollte es vielleicht einmal versuchen, bei leiser Hintergrundmusik zu lernen. Wenn dagegen ein Kind Lärm nicht verträgt, könnte es zum Lernen die Bücherei aufsuchen.

Lernzeit – Zeit zum Lernen

Die Erfahrung im Unterricht lehrt, dass manche Kinder schneller arbeiten als andere. Das Gleiche gilt für die Hausaufgaben.

Die Studie über den Lernerfolg in Mathematik von amerikanischen und asiatischen Schülern zeigt, dass sich die Zeit, in der man sich mit der Materie beschäftigt, bezahlt macht. Und als Englischlehrerin weiß ich, dass es sich lohnt, wenn ein Schüler sich die Zeit nimmt, an einem Aufsatz zu feilen, und ihn mehr als einmal durchliest.

Wenn Sie mit Ihren Kindern über die Hausaufgaben sprechen, fragen Sie sie doch einmal, ob sie ihrer Ansicht nach genügend Zeit dafür aufwenden und sie wirklich gut machen wollen. Fragen Sie auch nach der Einschätzung der Lehrer Ihres Kindes, ob es ausreichend Zeit mit der sorgfältigen und gründlichen Erledigung seiner Aufgaben verbringt.

So lehrt man Disziplin:
Erfahrungen mit unseren Kindern teilen
Sich Mühe zu geben, kann Spaß machen. Sie haben wahrscheinlich Unmengen von eigenen Geschichten auf Lager, in denen Sie sich unheimlich angestrengt haben und nichts dabei herausgekommen ist. Gleichzeitig fällt Ihnen aber auch eine Reihe von Beispielen ein, in denen Sie

sich kaum anstrengen mussten und sensationellen Erfolg hatten.

Ihre Kinder haben ähnliche Erfahrungen. Sie schreiben beispielsweise tagelang an einer Arbeit, und am Ende sagt die Lehrerin: »Du hättest dir mehr Mühe geben können!« Ein andermal schmieren sie etwas in einer Viertelstunde hin und bekommen eine Eins dafür.

Wo bleibt da die Gerechtigkeit? Sie lässt sich nicht berechnen, aber auf lange Sicht kann man immerhin auf einen Ausgleich hoffen. Das heißt, wenn wir uns sehr anstrengen und viele Pferde ins Rennen schicken, werden manche gewinnen, andere nicht, aber wir werden immer ein paar gute Platzierungen bekommen.

Wir müssen unseren Kindern dabei helfen zu erkennen, dass es sich lohnt, sich anzustrengen. Scheitern ist keine Katastrophe, es gar nicht erst zu versuchen dagegen schon eher.

Ein Gespräch in Gang bringen:
Äußerste Anstrengung
Fragen Sie Ihre Kinder nach Situationen, in denen sie sich angestrengt haben oder eben nicht. Kennen sie Kinder, die bei schlechten Noten sagen: »Ich habe sowieso nichts dafür getan.«? Was zeigt das ihrer Meinung nach?

Versuchen Sie sich an Momente äußerster Anstrengung zu erinnern, vielleicht als Sie sich bemühten, die Freundschaft eines Menschen zu gewinnen oder in eine Mannschaft aufgenommen zu werden, und es nicht geklappt hat.

Ihre Kinder sehen ja, dass Sie es überlebt haben – sich zu bemühen, kann also nicht so schlimm sein.

Zum Wesentlichen kommen
Versuchen Sie anhand dieser Fragen eine Diskussion in Gang zu bringen:

- Haben Ihre Kinder Angst davor, sich anzustrengen und dann zu versagen, weil das schlimmer wäre, als es gar nicht zu versuchen?
- Was ist mit den Erwartungen? Wie realistisch schätzen wir die Möglichkeit zu gewinnen bzw. zu verlieren ein?

So wie wir auf unterschiedliche Weise lernen, gibt es auch verschiedene Arten, sich anzustrengen.

Wenn Ihre Kinder gegenwärtig mehr Zeit vor dem Fernseher als mit ihren Hausaufgaben verbringen, heißt das nicht unbedingt, dass sie mehr Hausaufgaben brauchen, aber sie sollten definitiv ihren TV-Konsum einschränken. Fernsehen vermittelt einem Kind nicht das Gefühl, etwas erreicht zu haben. Leiten Sie es dazu an, Hobbys zu pflegen – Briefmarken sammeln oder Fußball, aber auch Kochen oder eine Trendsportart. Bei all diesen Beschäftigungen geht es darum, sich Mühe zu geben, was wiederum automatisch ein Gefühl der Befriedigung nach sich zieht.

Auch geistige Anstrengung macht Spaß

Vergnügen entspringt nicht nur der körperlichen, sondern auch der mentalen Anstrengung. Das sollten unsere Kinder ebenfalls wissen.

Erzählen Sie ihnen von der Befriedigung, die eine Schriftstellerin, ein Künstler, eine Mathematikerin oder ein Buchhalter erlebt. Es ist vielleicht schwieriger, Befriedigung zu empfinden, nachdem man zehn Seiten Hausaufgaben gemacht hat, als nach einem Fünf-Kilometer-Lauf oder nachdem man zwanzig Bahnen geschwommen ist, aber unsere Kinder sollten wissen, dass sogar Hausaufgaben Spaß machen können. Da ist die Be-friedigung, zum einen die eigenen Ressourcen zu nutzen und zum anderen etwas zu erreichen. Denn etwas zu beherrschen, auch wenn der Weg dorthin mühsam und anstrengend war, gehört zu den größten Freuden überhaupt.

Verantwortung

Tun, was richtig ist

Achten Sie einmal auf sich selbst. Wenn Sie sich sagen oder denken hören,

»Warum kommst du immer zu spät?«

»Wo warst du?«

»Warum kannst du dich nicht ein bisschen erwachsener benehmen?«

dann sollten Sie Ihrem Kind helfen, mehr Verantwortung zu übernehmen.

Wenn Sie sich dagegen sagen hören,

»Ich kann mich auf dich verlassen!«

»Du bist zuverlässig!«

»Wenn du mir etwas erzählst, kann ich dir glauben!«

loben Sie damit Ihr verantwortungsbewusstes Kind.

In diesem Kapitel geht es darum, wie Kinder Verantwortungsbewusstsein entwickeln können. Es handelt davon, wie Kinder wissen, was sie zu tun haben, und Selbstachtung daraus gewinnen, genau das auch zu tun.

Als ich die Übungen zum Thema Verantwortung zusammenstellte, wurde mir bewusst, dass sie eine seltsame Kombination ergaben. Manche sind ganz unkompliziert, wie das Annähen eines Knopfes oder rechtzeitiges Aufstehen. Andere behandeln so komplexe Fragen wie Mogeln oder Lügen.

Kinder lernen wahrscheinlich schneller, einen Knopf anzunähen, als dass sie einen so komplexen Begriff wie »Wahrheit« zu erfassen vermögen. Aber überraschenderweise liegt beidem die Bereitschaft zugrunde, Verantwortung zu übernehmen.

Vorab ein Einstieg in das weite Feld Verantwortung. Wie

steht es etwa um den sorgsamen Umgang mit eigenem und fremdem Besitz, das Übernehmen von Aufgaben zu Hause und in der Schule, das Nachdenken über Wahlmöglichkeiten und Werte?

Es kann auch hilfreich sein, über die persönliche Verantwortung nachzudenken: Wie bringt man Kinder dazu, etwas für sich selbst und für ihre Familie zu tun?

Die folgenden Beispiele sollen das Verantwortungsbewusstsein der Kinder für sich selbst sowie für ihre Familie vergrößern, wobei das eine das andere verstärkt.

Kindern helfen, sich selbst zu helfen

Kinder müssen lernen, sich selbst um ihre Angelegenheiten zu kümmern. Wenn sie ihre Kleider wegräumen oder sich die Füße waschen, hat das auf den ersten Blick nicht viel mit der Schule zu tun. Aber diese Übung in Eigenverantwortung wirkt bis ins Klassenzimmer hinein.

Lassen Sie uns mit ein paar Dingen beginnen, die Kinder dafür motivieren sollen, besser auf ihren Körper und ihre Kleidung zu achten.

Körperpflege (4–9 Jahre)

Für diese Übung brauchen Sie farbige Stifte und ein großes Blatt Papier.

Reden Sie mit Ihren Kindern über Hygiene und darüber, warum sie wichtig ist. Dabei geht es weniger um »porentiefe« Reinheit als darum, sauber zu sein und nicht zu müffeln.

Unterhalten Sie sich übers Gesicht- und Händewaschen,

übers Kämmen und Zähneputzen wie auch alle übrigen Körperteile, die besonderer Pflege bedürfen.

Nun stellen Sie gemeinsam eine Liste dessen auf, was getan werden muss, bevor es morgens in die Schule und abends ins Bett geht (ein Beispiel für so eine Tabelle sehen Sie unten abgebildet). Diese Übersicht hängen Sie im Badezimmer auf.

Ihr Kind hakt morgens und abends seine Liste ab wie ein Pilot seine Checkliste kurz vor dem Start. Zweckmäßigerweise befestigen Sie neben der Tabelle auch gleich einen Stift an einer Schnur.

Um Ihrem Kind die tägliche Reinigung schmackhaft zu machen, sollten Sie sich vor allem zu Beginn eine kleine Belohnung ausdenken. Das könnte beispielsweise ein neuer Zahnputzbecher oder eine besondere Seife sein, die ihr Kind selbst aussuchen darf.

	Mo	Di	Mi	Do	Fr	Sa	So
Gut aussehen							
Zähne geputzt							
Gesicht gewaschen							
Hände gewaschen							
Haare gekämmt							

Anfangs kontrollieren Sie die Tabelle täglich, dann wöchentlich, und bald brauchen Sie sie nicht mehr. Sie soll lediglich zu Beginn dazu beitragen, dass ein gepflegtes Äußeres Ihrem Kind zur Gewohnheit wird.

Was ziehe ich morgen an? *(4–9 Jahre)*

Ob Kleider tatsächlich Leute machen, sei dahingestellt, aber seine Kleider in Ordnung zu halten, kann keinesfalls schaden. Solange Kinder noch klein sind, ist die eigene Kleidung einer der wenigen Bereiche, in denen sie Verantwortung trainieren können.

Für die folgende Übung brauchen Sie (bei Bedarf) einen Stift und selbstklebende Etiketten.

Räumen Sie zusammen mit Ihrem Kind seine Kleider so auf, dass es sie wiederfindet. Eine Möglichkeit ist, die Schubladen außen mit Klebeetiketten zu versehen.

Unterhalten Sie sich über die passende Kleidung für ein bestimmtes Wetter. Sie können daraus sogar ein Spiel machen. Nehmen Sie etwa einen dicken Pullover und fragen Sie: »Ziehst du den an, wenn es warm oder wenn es kalt ist?« Das Gleiche können Sie auch mit kurzen Hosen, Mützen, Schals und allen anderen Kleidungsstücken machen.

Bevor Ihr Kind abends zu Bett geht, sollte es sich überlegen, was es am nächsten Tag anziehen möchte, und die Sachen gleich herauslegen. Dabei sollte es auch nachsehen, ob die Kleidungsstücke sauber und intakt sind. Damit lässt sich viel Zeit und Stress am Morgen sparen.

Wäsche waschen *(ab 6 Jahre)*

Mutter und Vater sind nicht die Einzigen, die die Waschmaschine zu Hause bedienen können. Diese Fertigkeit können sich auch schon relativ kleine Kinder aneignen.

Sehen Sie sich gemeinsam die Waschpulverpackung an und lesen Sie die Anleitung. Dabei wird Ihr Kind eine Menge neuer Begriffe wie Wasserhärte oder Verschmutzungsgrad bzw. die jeweiligen Symbole kennen lernen. Gehen Sie nun Schritt für

Schritt vor: Bei Bedarf behandeln Sie Flecken vorab, sortieren die Wäsche nach Farben und Material, wählen die richtige Wassertemperatur und Waschmitteldosierung. Anschließend ist die Gebrauchsanweisung der Waschmaschine dran und später das Aufhängen der Wäsche oder die Bedienung des Trockners. Lassen Sie Ihr Kind dabei nicht nur zusehen, sondern schon helfen.

Beim nächsten Mal bleiben Sie zwar noch in der Nähe, lassen Ihr Kind aber alles selbst machen. Worauf muss es achten? Wie erkennt es, ob die Wäsche sauber geworden ist?

Es dauert vielleicht einige Zeit, bis Sie Ihrem Kind unbesorgt die Maschine ganz allein überlassen können, aber neben dem Kochen und Putzen gehört das Waschen mit zu den verantwortungsvollsten Aufgaben im Haushalt.

Der Umgang mit dem Bügeleisen lehrt ebenfalls Verantwortung. Zeigen Sie Ihrem Kind, wie man gefahrlos bügelt. Stellen Sie das Bügelbrett entsprechend niedrig und geben Sie Ihrem Kind die Möglichkeit, hinterher auch zu zeigen, was es geleistet hat.

Kleiderreparatur (ab 6 Jahre)

Am Nähen gefällt mir besonders gut, dass es nicht nur eine gewisse Verantwortung bedeutet, sondern auch die Koordination von Hand und Auge verbessert, die ja für das Lesen und Schreiben unerlässlich ist. Für diese Übung benötigen Sie Nadel und Faden, eine Schere, Knöpfe und »reparaturbedürftige« Kindersachen.

Wählen Sie mit Ihrem Kind ein Kleidungsstück aus, an dem ein Knopf fehlt. Suchen Sie dann gemeinsam die benötigten Nähutensilien zusammen. Zeigen Sie ihm der Reihe nach, wie man den Faden einfädelt und dann den Knopf annäht.

Dann lassen Sie Ihr Kind einen Knopf an ein älteres Kleidungsstück nähen. Erwarten Sie nicht, dass es beim ersten Mal perfekt gelingt. Ein etwas schief sitzender, aber selbst angenähter Knopf ist in diesem Fall wie eine Auszeichnung.

Sie können mit Ihrem Kind auch aus ein paar bunten Stoffresten Geschenke basteln oder kleine Ausbesserungen vornehmen. Ein leuchtender Flicken auf einem Loch in der Jeans sieht lustig aus und ist leicht angenäht. Selbst gemachte Platzdeckchen, Bucheinbände und Fähnchen erfreuen sich als persönliche Geschenke besonderer Beliebtheit und kosten kaum Geld.

Die Box (4–9 Jahre)

Diese Übung fördert das Verantwortungsgefühl in den ersten Schuljahren und bei Vorschulkindern. Es soll eine Schulbox für zu Hause gebastelt werden, die Kindern helfen soll, ihre Sachen in Ordnung zu halten.

Wenn sie aus der Schule kommen, verstreuen die meisten Kinder ihre Schulsachen im ganzen Haus. Morgens, wenn alle es eilig haben, sind die benötigten Dinge dann kaum zu finden.

> Aus der Praxis:
> »Die Box meiner Tochter hat ihr Vater selbst gebaut. Es machte ihr einen Riesenspaß, sie selbst zu dekorieren und zu füllen. Sie ist das jüngste unserer vier Kinder und möchte auch immer Hausaufgaben machen, wenn sie die anderen arbeiten sieht. Also gebe ich ihr eigene ›Aufgaben‹, korrigiere diese auch und lege sie in einen Ordner in ihrer Box.«

Sie haben die Klage Ihrer Kinder im Ohr: »Ich kann sie nirgends finden.« (Dabei kann »sie« von den Handschuhen bis zu den Buntstiften alles sein.) Und dann hören Sie sich selbst sagen: »Also such weiter, bis du sie gefunden hast.«

Für die Schulbox benötigen Sie einen Karton, der groß genug für einige Vorräte und ein paar Kleidungsstücke ist. Dazu noch das eine oder andere Foto aus einer Zeitschrift, Farbstifte, Klebstoff und Schere – schon wird aus einer alten Schachtel ein besonderes Behältnis.

Ihr Kind kann seine Box mit Bildern, Schriftzügen, Selbstgemaltem und seinem eigenen Namen in dicken, fetten Lettern verzieren.

Dann wird die Box in der Nähe der Eingangstür oder im Kinderzimmer aufgestellt. Wenn Ihr Kind nach Hause kommt, ist die Box der erste Stopp, um Schulsachen, Mützen oder Spielzeug darin zu deponieren. Auf dem Weg nach draußen ist sie morgens die letzte Station. Fertige Hausaufgaben und sämtliche Utensilien, die am nächsten Tag im Unterricht gebraucht werden, wandern hier hinein.

Als Belohnung für die regelmäßige Verwendung seiner Box legen Sie alle paar Tage eine Nachricht für Ihr Kind hinein, mit der Sie es für sein Verantwortungsbewusstsein loben: »Hey, das machst du klasse! Bussi, Papa.« – »Freu mich schon auf das Spiel heute Abend um sechs. Ich drück dich! Mama.«

Zumindest bewirkt diese Einrichtung, dass die Kinder jetzt wissen, wo ihre Sachen sein sollten. Darüber hinaus reduziert sie das allmorgendliche Gejammer. Und wenn eine einfache Schachtel das zustande bringt, ist es wohl den Versuch wert.

PS: Ältere Kinder, ja sogar Erwachsene können sich eigene Boxen aufstellen. Ich zum Beispiel habe eine für mich neben der Haustür, in der ich Brillen und Schlüssel verwahre. Das ist am Morgen, wo ich mit meinen Gedanken an vier Orten gleichzeitig bin, von unschätzbarem Wert.

Nachdem Sie ein paar Aktivitäten kennen gelernt haben, von denen Ihr Kind unmittelbar selbst profitiert, kommen wir nun zu Übungen, bei denen man etwas für andere tut.

Was Kinder für ihre Familie tun können

Eltern haben das Bedürfnis, ihre Kinder zu beschützen, manchmal behüten sie sie sogar zu sehr. Dann übernehmen sie die Verantwortung, um sie vor unangenehmen Folgen zu bewahren: Sie bringen ihre Bücher zurück in die Bibliothek, füttern ihre Haustiere, gießen ihre Pflanzen. Manchmal machen sie sogar ihre Hausaufgaben. Aber das geht nicht sehr lange gut und hilft den Kindern auch nicht beim Erwachsenwerden.

Generell bedeutet Verantwortung, dass wir auf unsere Kinder und sie auf uns zählen können. Im Folgenden finden Sie ein paar Übungen dazu.

Leere Versprechungen (4–9 Jahre)

Wenn man Kinder um etwas bittet, geben sie oft Versprechen. Dabei ist ihnen manchmal gar nicht bewusst, was es heißt, diese Versprechen auch einzulösen. Ihre Absichten sind aufrichtig, sie wollen unseren Wünschen nachkommen. Hier ein paar Anregungen für ein Gespräch über Versprechen und ihre Folgen.

Reden Sie darüber, was passieren würde, wenn Leute das, wofür sie verantwortlich sind, nicht täten. Die nicht gegossenen Pflanzen würden verwelken, die nicht gefütterten Tiere würden hungern, der nicht abgeholte Müll würde anfangen zu stinken.

Malen Sie sich mit Ihren Kindern aus, was passieren würde, wenn die Eltern eines Tages nicht mehr einkaufen oder kochen wollten, wenn der Busfahrer zu Hause bliebe, der Filmvorführer nicht zur Arbeit erschiene. Sollten alle wirklich nur tun, wozu sie Lust haben?

Reden Sie über die Folgen für andere, wenn Aufgaben nicht erledigt werden. Ist das fair? Ist das verantwortungsvoll? Sollten Versprechen eingehalten werden?

Sich kümmern (jedes Alter)

Kinder sind bekanntermaßen sorglos mit Eigentum – mit ihrem eigenen wie mit dem anderer. Teure Sachen landen schnell im Müll, wenn es Eltern nicht gelingt, bei Kindern Verantwortungsgefühl für die Dinge zu wecken, um die sie sich zu kümmern haben.

Diese Übung ist eine kleine Schule in Verantwortungsgefühl. Sie brauchen dafür Papier und Bleistift. Besprechen Sie mit Ihrem Kind, etwa bevor Sie ihm ein teures Geschenk kaufen, wie es mit diesem Geschenk umgehen sollte. Ein Haustier ist ein gutes Beispiel.

Ein Tier braucht tägliche Pflege. Ist Ihr Kind denn bereit und in der Lage, diese auch zu leisten? Klären Sie diese Frage vorab, damit es hinterher keine Missverständnisse gibt. Schreiben Sie auf, was Sie beide vereinbart haben, und hängen Sie diesen Zettel gut sichtbar auf.

Vielleicht erwägen Sie die Anschaffung eines Computers. Dieser bedarf einer umsichtigen Behandlung. Das sollten Ihre Kinder vor dem Erwerb des Geräts wissen.

Nehmen Sie sie mit in den Laden. Lesen Sie die Bedienungsanleitung gemeinsam. Gehen Sie die einzelnen Schritte nacheinander durch. Kinder sollten nicht nur wissen, wie man das Gerät einschaltet, sondern auch, wie man pfleglich damit umgeht.

In jedem Haushalt gibt es Dinge, die tabu sind. Das können die Hausapotheke, Mamas Make-up, das gute Porzellan, die CD-Sammlung oder eine Schatzkiste im Kinderzimmer sein. Treffen Sie eine Vereinbarung mit Ihren Kindern. Sie lassen ihre Schätze in Ruhe, wenn diese die Finger von Ihren Sachen lassen. Legen Sie genau fest, um welche Dinge es sich handelt, und halten Sie sich daran.

Der Aufwecker (jedes Alter)

Diese Übung soll Kindern helfen, ihre Verlässlichkeit zu schulen.

Sie brauchen dafür einen Wecker, eine Papiertüte und ein Stück Papier für jedes Familienmitglied.

Schreiben Sie »Wecken« auf einen der Zettel und »Weck mich« auf alle anderen. Jetzt kommen alle Zettel in die Tüte, und jedes Familienmitglied zieht einen. Wer den Zettel »Wecken« zieht, wird am nächsten Morgen alle anderen wecken.

Unterhalten Sie sich darüber, was in dem einen vorgeht, wenn der andere sich verspätet. Kinder sorgen sich, wenn ihre Eltern abends verspätet von der Arbeit heimkommen. Eltern werden unruhig, wenn ihre Kinder nach dem Kino nicht rechtzeitig zu Hause sind. Überlegen Sie gemeinsam, wie man sich zu mehr Pünktlichkeit »erziehen« kann.

Wer geweckt wird, bestimmt die Zeit, zu der er aufstehen möchte. Vielleicht sollte es etwas früher als sonst sein – damit jeder rechtzeitig zur Schule oder ins Büro kommt.

Der »Aufwecker« stellt seinen Wecker auf fünf Minuten vor der Weckzeit. Am nächsten Tag wird sich herausstellen, ob er zuverlässig ist. Was passiert, wenn er sich verspätet? Kommen dann noch alle rechtzeitig zum Unterricht oder zur Arbeit?

Stehen Ihre Kinder normalerweise von selbst auf? Wenn nicht, kaufen Sie auf der Stelle einen preiswerten Wecker für jedes Kind.

Was soll ich machen? (ab 10 Jahre)

Es gibt fast täglich schwierige Entscheidungen im Leben, die keinem Kind erspart bleiben. Was mache ich, wenn ...
... ich sehe, dass jemand bei einer Prüfung schummelt?
... ich Geld finde?
... ich weiß, dass ein Freund einen Fehler gemacht hat?

Diese Fragen stellen die Fähigkeit unserer Kinder, richtig und falsch zu unterscheiden, auf die Probe. Und sie fordern auch uns als Eltern heraus: Wie kann man Kindern helfen, so zu entscheiden, dass sie mit ihrer Entscheidung zurechtkommen?

Kinder müssen wissen, wie ihre Eltern darüber denken und – was noch viel wichtiger ist – sie müssen lernen herauszufinden, wie sie selbst dazu stehen. Das braucht seine Zeit und entwickelt sich aus offenen und ehrlichen Gesprächen mit den Eltern und guten Freunden.

Zuvor müssen Eltern allerdings sich selbst einige Fragen beantworten: Welche Wahl habe ich? Was sind meine Wertvorstellungen? Wie möchte ich behandelt werden? Was für eine Art Mensch bin ich? Wie möchte ich gerne sein?

Nutzen Sie Autofahrten und das Zusammensitzen beim Essen als Gelegenheiten zum Gespräch; das kostet Zeit, lohnt sich aber garantiert. Belassen Sie es aber nicht beim Reden, sondern handeln Sie auch. Als Eltern müssen Sie keine Engel sein, aber Sie sollten Ihren Kindern als Erwachsene erscheinen, die ehrlich sind und sich an Gesetze halten.

Mit ziemlicher Gewissheit sind unsere Kinder in ihrem Alltag mehr Versuchungen und mehr Kriminalität ausgesetzt, als wir es in ihrem Alter waren. Sind sie darauf vorbereitet? Weiß Ihr Kind, wie es zu reagieren hat, wenn ein Fremder ihm eine Mitfahrgelegenheit oder Drogen anbietet? Es lohnt sich, wenn Sie über diese ganz realen Gefahren sprechen. Bringen Sie dabei Ihre Befürchtungen zum Ausdruck und lassen Sie die Kinder ihre eigenen Ängste formulieren. Trainieren Sie zum Beispiel mit Rollenspielen, wie man einen Fremden abwimmelt oder sich von einem falschen Freund abgrenzt. Solche Vorsichtsmaßnahmen können manchmal lebensrettend sein. (Zum Thema Sicherheit finden Sie ab S. 184 ein paar spezielle Übungen.)

So lehrt man Verantwortungsbewusstsein:
Erfahrungen mit unseren Kindern teilen
Früher gab es kaum so etwas wie ein Umweltbewusstsein. Wir wussten, dass Schmutzfinken bestraft werden, aber das war es auch schon.

Unsere Umwelt war intakt, mit einer soliden Ozonschicht versehen, ständig wachsenden Bäumen und Gewässern, in denen man schwimmen konnte. Die Zeiten haben sich jedoch geändert. Heute müssen wir auch Verantwortung für unsere Umwelt übernehmen. Und wir wissen heute sehr viel mehr über die Gefahren – den sauren Regen, Reinigungsmittel, die nicht abbaubar sind, Plastikbecher, die sich in einer Ewigkeit nicht zersetzen.

Diese Informationen sind wichtig, auch für unsere Kinder. Sie sollen ihnen keine Angst einjagen, sondern ein Bewusstsein dafür schaffen, was jeder Einzelne von uns tun kann. Konsultieren Sie Bücher, erkundigen Sie sich bei Ihrer Stadt oder Gemeinde oder direkt bei einer Umweltschutzorganisation danach, was Sie machen können.

Ein Gespräch in Gang bringen:
Was können wir tun?
Fragen Sie Ihre Kinder, was sie in ihrer unmittelbaren Umgebung tun können: zum Beispiel Altpapier sammeln, duschen statt baden, die Kühlschranktür möglichst rasch wieder schließen, bei offenem Fenster die Heizung

zurückdrehen, die Rückseiten von beschriebenen Blättern als Schmierpapier verwenden.

Bedenken Sie, dass auch Kinder ihre Eltern großartig an deren Verantwortung erinnern können: zum Beispiel können sie Fahrgemeinschaften anregen, damit nicht jedes Kind einzeln herumkutschiert wird; oder sie machen Sie darauf aufmerksam, dass das Autowaschen in der Waschanlage umweltfreundlicher und wassersparender ist als Selberwaschen.

Kindergärten und Schulen fördern das Umweltbewusstsein bei Kindern. Deshalb kann es passieren, dass Ihr Kind in diesen Dingen mehr Ahnung hat als Sie.

Zum Wesentlichen kommen
Weil Ihr Kind vielleicht einen Wissensvorsprung hat, sollten Sie sich ruhig von ihm belehren und ihm bei der Beantwortung der folgenden Fragen den Vortritt lassen:

- Kann man durch Luftverschmutzung krank werden? Wenn ja, woran erkrankt man?
- Sollte man aktiv werden, wenn man sieht, dass ein Auto, ein Bus oder eine Fabrik die Luft unnötig verschmutzt?
- Sollte man Firmen seine Zustimmung signalisieren, wenn sie auf umweltfreundliche Verpackungen umsteigen, und zum Beispiel einen Brief schreiben?
- Wie kann man anderen Leuten ihre Verantwortung für die Umwelt bewusst machen?

Initiative

Aktiv werden und handeln

Wenn Sie zu Ihrem Kind sagen:
>»Was für eine gute Idee!«,
>»Du hast aber Energie!«,
>»Dir fällt immer etwas Neues ein!«
loben Sie die Initiative Ihres Kindes.

In diesem Kapitel geht es darum, Initiative bei Ihrem Kind zu wecken. Es handelt von Energie, Vitalität, Interesse und dem Organisationstalent, das man braucht, um die Dinge ins Rollen zu bringen.

Initiative beginnt mit einer guten Idee, aber die allein genügt nicht. Man muss an einer Sache dranbleiben. Selbst wenn man ein Tor geschossen hat, muss man weiterspielen.

Initiative – das sind die ersten Schritte und ihre Fortführung. Die Übungen in diesem Kapitel animieren Kinder, Interessen zu entwickeln und die Initiative zu ergreifen, wenn sie gute Ideen in die Tat umsetzen wollen.

Initiative ist auch die Grundlage allen wissenschaftlichen Arbeitens. Sie bringt uns dazu, Fragen zu stellen, zu experimentieren und Antworten zu suchen.

Bei den Übungen dieses Kapitels begeben wir uns deshalb in ein Labor, allerdings handelt es sich dabei um unsere Küche, unseren Keller oder unseren Garten. Wir untersuchen, was passiert, wenn Makkaroni in kochendes Wasser gegeben werden oder wenn wir Wasser ins Tiefkühlfach stellen oder wenn Pflanzen kein Tageslicht bekommen. Wir helfen unseren Kindern beim Aufstellen von Hypothesen und führen wissenschaftliche Experimente durch.

Dies soll Kinder anregen, über Ursache und Wirkung nachzudenken. Sie beobachten die Veränderungen, wenn Wasser zu kochen beginnt. Sie entwickeln einen Sinn für Zusammenhänge, wenn sie sich die Wasserleitungen in der Wohnung ansehen, ein Gefühl für Organisation, wenn sie diverse Objekte sortieren und klassifizieren.

Wir geben unseren Kindern in ihrer häuslichen Umgebung die Freiheit, die Erlaubnis, die Unterstützung, die Zeit und die entsprechenden Voraussetzungen, um zu forschen, zu fragen, abzuwägen und zu staunen. Egal, ob unsere Kinder später zu Einsteins heranwachsen oder nicht – sie sollten in jedem Fall zu Menschen werden, die neugierig sind und interessiert an der Welt, die sie umgibt.

Sie müssen nicht einmal Ihre eigenen vier Wände verlassen, um Ihrem Kind eine Welt von Erfahrungen zu eröffnen, die seine Interessen weckt. Ich selbst erinnere mich gerne an die Küchenexperimente zusammen mit meinen Kindern. Und ich kann Ihnen versichern, dass sie nicht die Einzigen waren, die dabei etwas lernten.

Wir beobachteten, wie Wasser zu kochen begann. Wir stoppten die Zeit, die eine Nudel zum Weichwerden braucht. Wir schmolzen Eiswürfel in der Sonne und im Schatten. Wir legten Löffel aus Holz und Metall in kochendes Wasser und berührten sie dann vorsichtig. Und wir unterhielten uns über die Ergebnisse unserer Experimente. Die folgenden Übungen sind vor allem für (jüngere) Grundschüler gedacht.

Kinder, die schon einmal den Arbeitsplatz ihrer Eltern kennen gelernt oder einen Sonnenaufgang beobachtet haben oder mit dem Bus ans andere Ende der Stadt gefahren sind, werden, wenn sie einen ersten Schritt tun, viel eher die leise innere Stimme hören, die ihnen sagt: »Kein Grund zur Panik, das kennst du schon!« oder » Das schaffst du!«

Das Haus inspizieren (4–9 Jahre)

Erforschen Sie zusammen mit Ihrem Kind das Haus, in dem Sie wohnen. Gehen Sie gemeinsam in den Keller und sehen Sie sich die Heizungsanlage an. Wie funktioniert sie? Wozu dienen all die Rohre und Wasserleitungen? Es ist wirklich schade, dass manche unter Putz liegen und man sie deshalb nicht richtig sehen kann.

Küchen machen Geräusche. Was kann man dort alles hören? Das Brummen des Kühlschranks, das Surren des Herdes, das Gebläse der Dunstabzugshaube.

Sehen Sie sich ein Fahrrad näher an. Was ist das Wichtigste an einem Rad? Werfen Sie auch mal einen Blick unter die Motorhaube Ihres Autos. Können Sie die einzelnen Teile beim Namen nennen?

Befassen Sie sich einmal gründlich mit den Elektrogeräten in Ihrem Haushalt. Vielleicht widmen Sie sich als Erstes der interessanten Frage, wo der elektrische Strom für all die Geräte herkommt. Wenn Sie das nächste Mal an einem Kraftwerk oder einer Staustufe vorbeikommen, erinnern Sie an den alten Toaster zu Hause.

Geräte anfassen erwünscht (4–9 Jahre)

Es macht Spaß, Sachen auseinander zu nehmen und sie danach wieder zusammenzubauen! Hier ein paar Vorschläge, wie Sie sogar etwas falsch zusammensetzen und trotzdem Freude daran haben können. Sie benötigen dafür eine Taschenlampe mit Batterien, ein kaputtes Gerät, das Sie sowieso wegwerfen wollten, und einige Werkzeuge.

Wie funktioniert eine Taschenlampe? Probieren Sie aus, was passiert, wenn man eine Batterie herausnimmt oder verkehrt herum einsetzt.

An einem kaputten Wecker, bei dem es egal ist, ob er wieder funktioniert oder nicht, können Sie folgendes tolles Experiment machen: Lassen Sie Ihr Kind den Wecker auseinander nehmen. Bleiben Sie zwar in der Nähe, für den Fall, dass Sie gebraucht werden, aber lassen Sie Ihr Kind allein werkeln. Anschließend darf es probieren, alles wieder zusammenzubauen.

Wasser, Wasser überall (4–9 Jahre)

Für die folgenden Experimente benötigen Sie Wasser, Eiswürfelbehälter, Salz, ein Ei und diverses Geschirr.

Füllen Sie einen Eiswürfelbehälter mit Wasser und stellen Sie ihn ins Tiefkühlfach. Wie lange braucht das Wasser zum Gefrieren? Probieren Sie das Gleiche mit unterschiedlich viel Wasser in den Fächern des Eiswürfelbehälters aus.

Legen Sie ein paar Eiswürfel auf einen Teller und stellen Sie ihn auf den Tisch. Wie lange braucht das Eis, bis es schmilzt? Dauert es an verschiedenen Plätzen im Zimmer unterschiedlich lang?

Salzwasser und Süßwasser: Vermischen Sie eine Tasse Wasser mit ein paar Teelöffeln Salz. Geben Sie das Salzwasser in einen Eiswürfelbehälter und normales Leitungswasser in einen zweiten. Stellen Sie beide ins Tiefkühlfach und holen Sie sie nach ein paar Stunden wieder heraus. Was ist passiert? Ist das Süßwasser gefroren? Sieht das Salzwasser sulzig aus?

Lassen Sie ein Ei nacheinander in einer Schüssel mit Salz- und mit Süßwasser schwimmen. Wo steigt es höher? Von der Erkenntnis aus, dass Salzwasser besser trägt, können Sie Ihrem Kind vom Toten Meer erzählen.

Verdunstung: Stellen Sie Wasser in einem offenen Gefäß an einen sonnigen Ort. Lassen Sie Ihr Kind den Wasserstand im Gefäß markieren. Füllen Sie einen ähnlichen Behälter mit der gleichen Menge Wasser und platzieren Sie ihn im Schatten. Wo ist das Wasser zuerst verschwunden? Beobachten Sie, was passiert, und sprechen Sie darüber.

Temperaturen (4–9 Jahre)

Bei dieser Übung sollten Sie in der Nähe Ihrer Kinder bleiben.

Sie brauchen dafür Wasser, Nudeln und zwei Töpfe. Geben Sie etwas Wasser in den einen Topf und bringen Sie ihn auf dem Herd zum Kochen. In den zweiten Topf gießen Sie deutlich mehr Wasser, verwenden aber dieselbe Herdplatte und dieselbe Kochstufe. Beobachten Sie, wie viel langsamer das Wasser zu kochen beginnt.

Jetzt kommen die Nudeln hinein. Was passiert? Bitten Sie Ihre Kinder, genau aufzupassen, wie lange es dauert, bis das Wasser (wieder) kocht und die Nudeln gar sind.

Messen Sie die Zimmertemperatur mit einem einfachen Gartenthermometer. Was passiert, wenn man es in den Kühlschrank legt? Oder ins Eisfach? Oder auf die Heizung? Wie schnell steigt die Temperatur in der prallen Sonne?

Licht und Schatten (4–9 Jahre)

Für diese Experimente benötigen Sie eine Lampe, Objekte mit unterschiedlicher Form, einen Taschenspiegel, ein Glas Wasser und einen Löffel.

Wann sind Schatten länger, wann kürzer? Gehen Sie an einem sonnigen Tag zu verschiedenen Zeiten hinaus und stellen Sie sich immer auf denselben Fleck. Beobachten Sie die unterschiedliche Länge der Schatten.

Für drinnen brauchen Sie eine starke Glühbirne. Machen Sie Schattenspiele vor einem dunklen Hintergrund. Welche

Schatten werfen eckige und runde Formen? Was passiert, wenn die Kinder vor der Lampe hüpfen, winken oder mit den Zehen wackeln?

Fangen Sie mit einem Taschenspiegel von draußen herein-fallendes Sonnenlicht ein. Wenn Sie den Spiegel bewegen, wandert der Lichtfleck durchs Zimmer.

Um Kindern zu zeigen, dass Licht sich in Luft und Wasser unterschiedlich bricht, machen Sie folgenden Versuch: Stellen Sie einen Löffel in ein zu zwei Dritteln mit Wasser gefülltes Glas. Wenn man von der Seite durch das Glas schaut, sieht der Löffel wie zweigeteilt aus.

Bei einigen dieser Experimente werden Sie auf Fragen sto-ßen, die Sie selbst nicht beantworten können. Suchen Sie die Antworten mit Ihren Kindern in einem Lexikon, in der Bi-bliothek oder im Internet. Das Wichtigste aber ist zunächst, so viel Interesse bei den Kindern zu wecken, dass sie weiterfor-schen wollen.

Eine Dose, ein Saugnapf, ein Strohhalm (4–9 Jahre)

Sie brauchen eine mit Flüssigkeit gefüllte Konservendose, einen Dosenöffner, einen Saugnapf und Strohhalme.

Machen Sie nur ein Loch in die Dose und versuchen Sie, die Flüssigkeit auszugießen. Warum funktioniert das nicht? Boh-ren Sie ein zweites Loch in die Dose. Versuchen Sie erneut, et-was auszugießen. Was passiert jetzt und warum?

Drücken Sie einen Saugnapf an die Wand. Er bleibt dort kle-ben. Warum? Wann wird er herabfallen?

Saugen Sie mit einem Strohhalm Wasser an. Was hält das Wasser im Halm, so dass man ihn sogar aus dem Wasser he-rausnehmen und bewegen kann, ohne dass Wasser verloren geht?

Pflanzen und ihr Wachstum (4–9 Jahre)

Das Versorgen von Pflanzen macht das Prinzip von Ursache und Wirkung sichtbar. Was brauchen Pflanzen? Wie verändern sie sich, wenn sie etwas Lebensnotwendiges nicht bekommen? Für dieses Experiment benötigen Sie ein paar Pflanzen und Alufolie.

Stellen Sie zwei Pflanzen derselben Sorte nebeneinander und lassen Sie Ihr Kind die eine regelmäßig, die andere mehrere Wochen lang nicht gießen. Was passiert?

Wickeln Sie die Blätter einer Pflanze, die gerne in der Sonne steht, auf einer Seite in Alufolie. Wie sehen diese Blätter aus, wenn man die Folie nach einer Woche entfernt?

Das Abenteuer, etwas wachsen zu sehen, kann man auf einem riesigen Acker oder auf einer Fensterbank erleben. Bohnen keimen fast immer erfolgreich, und Karotten eignen sich hervorragend, um Wachstum ihres Grüns zu demonstrieren.

Heute räumen wir mal auf

Es gibt Tage, an denen wacht man auf und weiß einfach, dass sie zum Aufräumen wie geschaffen sind. Auch Kinder kennen dieses Gefühl. Nutzen Sie diese Initiative, bevor sie sich in Luft auflöst.

Die folgenden Übungen für die ganz Kleinen lehren Kinder nicht nur Ordnung, sondern helfen vielleicht sogar Ihnen selbst, anstehende ungeliebte Arbeiten zu erledigen

Nägel, Schrauben, Knöpfe, Stecknadeln (4–6 Jahre)

Für diese Übungen eignet sich alles, was dringend der Ordnung bedarf: ein unsortierter Werkzeugkasten, eine Schmuckschatulle, ein unaufgeräumter Kleiderschrank, ein Nähkorb, das Bilderbuchregal Ihres Kindes.

- Wenn Sie sich den Werkzeugkasten vornehmen, bitten Sie die Kinder, Nägel, Schrauben, Muttern auseinander zu sortieren.
- In der Schmuckschatulle bekommen Ringe, Armreifen, Halsketten usw. jeweils ein eigenes Fach.
- Lassen Sie Ihr Kind in seinem Kleiderschrank alle Socken, T-Shirts etc. in verschiedene Fächer räumen. (Dies wird sonst ganz unspannend als Schrankaufräumen bezeichnet ...)
- Bei Ihrem Nähkorb wäre das Sortieren in Näh- und Stopfgarn, Näh- und Stecknadeln, Wäsche- und sonstige Knöpfe sinnvoll.
- Seine Bilderbücher könnte Ihr Kind nach Größe oder Farbe sortieren oder nach Beliebtheit.

Auch wenn es vielleicht nicht auf den ersten Blick deutlich wird, ist das Ordnen von Dingen ein Schlüssel zu den drei Grundfähigkeiten Lesen, Schreiben und Rechnen. Jeder Schüler muss in der Lage sein, Konkretes und Abstraktes zu erkennen und zuzuordnen.

> Aus der Praxis:
> »Zusammen mit meiner Tochter bin ich die Küchenschränke durchgegangen, und wir haben Verschiedenes neu geordnet. Wir haben sogar Überflüssiges aussortiert. Ihr hat die Aktion Spaß gemacht, weil sie das Gefühl hatte, mitbestimmen zu dürfen.«

Diese Übung soll bei etwas älteren Kindern den Ordnungssinn schulen. Nehmen Sie sich dafür gemeinsam einen Küchenschrank, den Kühlschrank, den Wäscheschrank oder einen Schrank im Kinderzimmer vor.

Überlegen Sie sich zunächst gemeinsam ein gutes Ordnungssystem für ein Fach oder einen ganzen Schrank. In der Küche ist es vielleicht sinnvoll, Behälter der gleichen Größe oder bestimmte Lebensmittel nebeneinander zu stellen. Im Kleiderschrank werden Socken paarweise (!) sortiert. Man kann alle Blusen oder Hemden auf die eine und alle Hosen auf die andere Seite der Kleiderstange hängen.

Lassen Sie Ihr Kind mindestens ein Fach oder Regal nach dem System, das Sie sich gemeinsam überlegt haben, einräumen. Auch wenn sich die neue Ordnung vielleicht nicht durchsetzt, so sehen Sie doch zumindest ein oder zwei Tage lang die befriedigenden Ergebnisse dieser Aktion.

Ohne Planung geht es nicht!

Alle Eltern kennen das: Ihr Kind möchte etwas aus Pappmaché basteln oder mit Fingerfarben malen, doch kaum hat man alles vorbereitet, heißt es: »Jetzt habe ich doch keine Lust dazu.« Deshalb sollten Eltern auf derartige Wünsche ihrer lieben Kleinen so früh wie möglich folgendermaßen reagieren: »Mein Schatz, du weißt ja, was du dafür brauchst – also richte dir die Sache selbst her, ja?«

Je früher Kinder sich daran gewöhnen, selbst die Initiative zu ergreifen, desto schneller werden sie sich ihre Bastel-, Mal- oder Spielsachen selbst zusammensuchen.

Als meine Kinder noch klein waren, sausten sie bei der ersten Ankündigung eines Ausflugs sofort zur Wohnungstür und verkündeten: »Wir sind fertig!« Egal, ob es mitten im Winter war und sie noch nicht einmal ihre Jacken anhatten oder ob wir für eine Woche wegfuhren und die Koffer noch nicht gepackt waren.

Natürlich waren sie fertig – sie hatten ja auch nicht das Geringste zu tun. Aber das änderte sich ziemlich bald. Sie packten selbst ihre Sachen und kümmerten sich um alles andere, was vorzubereiten war.

Erst denken, dann handeln (7–9 Jahre)

Bringen Sie Ihrem Kind bei, wie man etwas vorbereitet und das dafür notwendige Material organisiert. Nehmen Sie sich ein kleines oder größeres Projekt vor: ein Kasperletheater oder ein Baumhaus bauen, ein Kinderfest veranstalten oder Plätzchen backen. Besprechen Sie gemeinsam, was Sie dafür brauchen. (Je kleiner das Kind, desto mehr Unterstützung benötigt es.)

Machen Sie eine Liste der Dinge, die Sie im Haus haben bzw. noch kaufen müssen. Bevor es losgeht, stellen Sie gemeinsam die Utensilien bereit.

Als Variante dieser Übung lassen Sie Ihre Kinder Informationen über etwas sammeln, das sie tun oder über das sie mehr erfahren möchten. Zum Beispiel wie man Marmelade einkocht, eine Gesteinssammlung anlegt oder Flöte spielt. Ihre Kinder lernen daraus, dass man besser Bescheid weiß, *bevor* man sich ans Werk macht.

Was ist wann?

Einen Kalender gibt es in jedem Haushalt. Doch ein ganz normaler Kalender kann Kindern kaum dabei helfen, besser organisiert zu sein. Der Familienkalender dagegen dient jedem Familienmitglied als Gedächtnisstütze und zur Orientierung über die Aktivitäten der anderen.

> Aus der Praxis:
> »Mein Sohn wurde nie rechtzeitig fertig und schob immer alles auf. Das hat mich fast wahnsinnig gemacht. Also bastelten wir einen Kalender, den wir auf Augenhöhe im Kinderzimmer aufhängten. Er ist das Erste, was mein Sohn am Morgen sieht.
> Damit es beim Hausaufgabenmachen vorwärts geht, benutzen wir einen Wecker. Damit wettet er gegen sich selbst: ›Das schaffe ich in vier Minuten.‹ Inzwischen stellt er sich den Wecker schon selbst. Das gibt ihm das Gefühl, die Dinge im Griff zu haben.«

Wann tut wer was? Der Familienkalender (jedes Alter)

Kinder vergessen gerne Termine und Aufgaben, die sie übernommen haben. Diese Übung ist eine Art Gedächtnistraining. Sie benötigen dafür einen Kalender mit großen Feldern für jeden Tag und Farbstifte. Sie können jederzeit beginnen, einen Familienkalender zu führen – nicht nur am 1. Januar.

Schauen Sie sich mit Ihrem Kind die Tage, Wochen und Monate an, die auf dem Kalender vor Ihnen ausgebreitet liegen. Beginnen Sie beim Ausfüllen der Felder mit Geburtstagen und anderen besonderen Festtagen. Dann tragen Sie die Termine für das Fußballtraining, die Ballettstunde, den Arztbesuch ein.

Ihr Kind kann den Kalender nach Lust und Laune verzieren. Mit einer speziellen Farbe für jedes Familienmitglied, Zeichnungen oder Fotos für besondere Tage wird diese Merkhilfe nicht nur ein Augenschmaus, sondern auch sehr viel einprägsamer.

Auf dem Kalender können Sie auch die Wünsche Ihrer Kinder sammeln, wie zum Beispiel ihre Lieblingsgerichte oder Vorschläge für Familienausflüge. Außerdem können Sie ihn als Hauspost nutzen, für Anfragen, Botschaften oder auch einmal ein Lob.

Krank sein muss nicht langweilig sein (jedes Alter)

Selbst wenn Kinder krank im Bett liegen, kann ein wenig Initiative sie aufheitern und ihre Genesung ungemein fördern. Und wer sich auf dem Weg der Besserung befindet, hat wieder Spaß daran, sich zu beschäftigen.

Je nach Alter begeistern sich kranke Kinder für unterschiedliche Tätigkeiten. Leseratten begnügen sich mit der Tageszeitung, verschiedensten Zeitschriften oder Büchern aus der Bibliothek. Denken Sie auch daran, dass jeder – unabhängig vom Alter – gerne etwas vorgelesen bekommt.

Neben dem Bett eines kleineren Kindes sollte etwas zum Malen oder Basteln – Stifte, Papier, Schere und Klebstoff – liegen, auch ein Puzzle oder alte Postkarten für Collagen und Spiele.

Ein Zeitvertreib für ältere Kinder ist das Einkleben von Familienfotos in Alben; so werden die Schnappschüsse aus dem Schuhkarton endlich einmal sortiert. Jungen und Mädchen können sticken, stricken, häkeln oder nähen lernen. Und dann wären da noch kleine Zauber- und Kartentricks und Papier falten – Papierflieger etwa erfreuen sich immer großer Beliebtheit.

Stellen Sie ein Vogelhäuschen auf das Fensterbrett des Kinderzimmers, dazu ein Thermometer und wenn möglich eine Wetterfahne. Ihr Kind kann dann vom Bett aus »Buch führen«, die Anzahl und Arten der Vögel – ein Bestimmungsbuch ist hier sicher hilfreich – notieren, die vorbeikommen, sowie die aktuelle Temperatur und Windrichtung.

Auch ein Radio sowie eine kleine Pinnwand am Bett sorgen für Abwechslung. Hier kann Ihr Kind Zeitungsartikel, das Radioprogramm oder Fotos aufhängen.

Sobald sie das Bett verlassen dürfen, können Kinder kochen helfen oder Pflanzenkeimlinge in Gläsern ziehen. Oder wie wär's mit dem Erlernen des Zehn-Finger-Systems auf der Computertastatur?

Es gibt praktisch unzählige Möglichkeiten, sich zu beschäftigen, auch wenn man krank ist.

Die Schule sollte auch nicht ganz vernachlässigt werden, insbesondere wenn Ihr Kind länger als drei Tage fehlt. Kontaktieren Sie die Lehrer und besprechen Sie mit ihnen, wie Ihr Kind auf dem Laufenden bleiben kann.

Falls Sie sich nicht selbst um Ihr krankes Kind kümmern können, stellen Sie sicher, dass die Betreuungsperson über alle geplanten Aktivitäten informiert ist.

Mach mal Platz!

Es ist immer hübsch, sich in Wohnzeitschriften die Spielzimmer oder gar komplette Wohntrakte nur für Kinder anzusehen. Doch für die meisten Familien, die in Wohnungen oder kleinen Häusern leben, bleibt schon ein separates Spielzimmer ein Traum. Da wird das Leben zwischen all den Sachen, die Kinder sammeln und um die sie sich streiten, schnell zum Albtraum.

Natürlich kann man gelegentlich dem Zeug, das da auf dem Boden herumliegt, ausweichen und die Kinder anschreien, sie sollen endlich Ordnung schaffen. Man kann aber auch die Initiative ergreifen, um das Zusammenleben angenehmer zu gestalten.

Fragen Sie als Erstes Ihre Kinder, wie ihrer Meinung nach Ordnung in das Chaos gebracht werden kann. Aber Achtung: Vielleicht sind diese ja ganz zufrieden mit ihrem Durcheinander, so dass Sie darauf vorbereitet sein sollten, auf die Probleme hinzuweisen, die sich daraus für den Rest der Familie ergeben.

Folgende Maßnahmen haben sich als äußerst zweckmäßig erwiesen:

- Stellen Sie jedem Kind einen eigenen (Arbeits-)Platz – selbst wenn er klein ist – zur Verfügung. Das kann ein richtiger Schreibtisch oder auch nur eine Arbeitsplatte sein, die bei Bedarf von der Wand heruntergeklappt wird. Für ein kleines Kind können Sie den entsprechenden Bereich durch ein Stück farbigen Teppich markieren. Das wirkt Wunder, wenn Kinder selbst in großen Räumen genau den Platz haben wollen, den ein anderer für sich beansprucht. Zum gemeinsamen Malen und Basteln breiten Sie einfach eine große Plastiktischdecke/ einen alten Duschvorhang/ Zeitungspapier auf dem Esstisch aus.
- Überlassen Sie Kindern einen Platz, an dem sie ihre Besitztümer verwahren können. Dieser Ort sollte für alle anderen tabu sein. Dafür hält sich das Kind seinerseits daran, seine Sachen ordentlich wegzuräumen. Ob es sich hierbei um eine Schachtel, eine Kiste auf Rollen unterm Bett oder ein Regal handelt, spielt keine Rolle.
- Versehen Sie die Spielsachen Ihrer Kinder sofort nach dem Erwerb mit Namen. So vermeidet man Streit darüber, was wem gehört.

- Sorgen Sie für ausreichend Haken und Kleiderbügel, auf die Ihre Kinder ihre Kleidung hängen können. Achten Sie auch darauf, dass die Regal- und Schrankfächer erreichbar sind, so dass auch alle die Möglichkeit haben, ihre Spielsachen selbst aufzuräumen.
- Nutzen Sie Ihre Wohnung. Mit einem Holzbrett auf der Heizung gewinnt man (außer natürlich im Winter) ein zusätzliches Regal. Eine Holz- oder Spanplatte über der Badewanne schafft eine zusätzliche Arbeitsfläche. Lassen Sie auch die Wandflächen nicht ungenutzt. An Brettern mit Haken kann man Bastelwerkzeug und Spielsachen aufhängen.

Mülltag (jedes Alter)

Manche Dinge im Kinderzimmer sehen zwar wie Müll aus, sind aber in Wirklichkeit »Schätze«. Anderes dagegen ist echter Müll – und die Kinder wissen das auch. Die Aussicht auf eine kleine Belohnung erhöht ihre Bereitschaft, sich davon zu trennen. Diese Übung belohnt Sauberkeit und bietet auch ein bisschen Rechentraining.

Sie brauchen dazu große Plastiktüten oder Müllbeutel und einen Raum, in dem auch Müll vorhanden ist – zum Beispiel ein Kinderzimmer. Eine Personenwaage kann hilfreich sein.

Drücken Sie Ihrem Kind die Tüten in die Hand und sagen Sie ihm: »Heute ist Mülltag. Geh deinen Schrank/deine Schubladen/dein Zimmer durch und sortier alles aus, was du nicht mehr brauchst. Ich zahle für die Sachen!«

Wenn Ihr Kind die Tüten gefüllt hat, sehen Sie alles noch einmal gemeinsam daraufhin durch, was wirklich Abfall und was anderweitig (Flohmarkt, Kleidersammlung etc.) verwertbar ist. Dann wiegen Sie alles auf der Personenwaage.

Zahlen Sie Ihrem Kind den vorher vereinbarten Kilopreis. Lassen Sie es aber selbst ausrechnen, was ihm zusteht. Dann wird der echte Müll entsorgt und der Rest bei den entsprechenden Stellen abgegeben.

Aus der Praxis:
»An einem verregneten Wochenende dachten sich mein Sohn und sein Freund ein Spiel aus, bei dem sie die Gegenstände im Kinderzimmer aufsammelten. Zunächst sortierten sie die einzelnen Teile und anschließend zählten sie sie. Ich halte das für eine großartige Methode, um ein mit Spielsachen übersätes Zimmer aufzuräumen.«

Freiwillig helfen (7–12 Jahre)

Wäre es nicht schön, wenn Ihre Kinder einmal freiwillig ihre Hilfe anböten? Diese Übung hilft ihnen dabei ein wenig auf die Sprünge. Alles, was Sie dafür brauchen, ist Unerledigtes in Ihrem Haushalt.

Bitten Sie Ihre Kinder, sich eine Tätigkeit auszusuchen, um die man sie schon häufiger gebeten hat. Beispielsweise den Mülleimer auszuleeren, den Tisch zu decken, das eigene Zimmer aufzuräumen. Schlagen Sie ihnen dann vor, zwei Tage lang genau das zu tun, *bevor* jemand sie dazu auffordert.

Nach zwei Tagen ziehen Sie gemeinsam Bilanz. Haben die Kinder ihre Aufgabe erfüllt, bevor sie daran erinnert wurden? Hatten sie ein gutes Gefühl dabei? Haben sie anderen ihre Hilfe angeboten? Was war das für ein Gefühl?

Befragen Sie anschließend alle Familienmitglieder. Wer mag welche Aufgaben im Haushalt am liebsten oder am wenigsten gern? Danach sollte sich jeder als großzügig und hilfsbereit erweisen, indem er einen Tag lang einem anderen die Arbeit abnimmt, die dieser am meisten hasst. Wer weiß, vielleicht entdeckt man dabei eine Vorliebe für etwas, das einem anderen ein Graus ist.

Organisiert, aber flexibel

Man kann es mit dem Ordnungssinn auch übertreiben. Ich war schon in Wohnungen, die so blitzblank und ordentlich waren, dass ich mich kaum traute, mit meinen Schuhen den Teppich zu betreten.

Wir brauchen in unserem Leben auch einen gewissen Raum für Schmutz, für Missgeschicke, für Veränderungen, dumme Fehler, versäumte Verabredungen und für Kinder, die im letzten Moment krank werden.

Wenn ich mich bei einer sehr lebensklugen Freundin über etwas Misslungenes an meinem Tag beklage, erwidert sie: »Ach, das ist doch mal eine interessante Herausforderung.« Und selbst wenn ich unwillig mit den Zähnen knirsche, versuche ich mich an diese Worte zu erinnern – und manchmal hilft das.

So lehrt man Initiative:
Erfahrungen mit unseren Kindern teilen
Wenn ich an Initiative denke, fallen mir die ersten amerikanischen Siedler ein, die mit wenig oder ganz ohne Besitz über die Meere segelten und dann Pferdewagen, später Eisenbahnen bestiegen, um sich in fremden Gegenden eine neue Existenz aufzubauen.
Erzählen Sie Ihren Kindern von Großeltern oder Urgroßeltern, die auf diese oder ähnliche Weise die Initiative ergriffen haben. Sprechen Sie über die Einwanderer und Asylsuchenden von heute, die sich und ihren Kindern ein besseres Leben ermöglichen wollen.
Jeder Mensch hat Ideen und vermag diese in die Tat umzusetzen. Der Wunsch, ein Ziel zu erreichen, ist Teil der menschlichen Natur. Bei Kindern muss man ihn nur ein wenig lenken und schärfen.

Ein Gespräch in Gang bringen:
Wir machen ein Picknick

Stellen Sie sich vor, es ist Wochenende, und Sie fragen die Familie: »Was könnten wir unternehmen? Wer hat eine Idee?« – »Machen wir doch ein Picknick«, schlägt eines Ihrer Kinder vor.

Was passiert mit dieser und anderen Ideen in Ihrer Familie? Nehmen Sie sie ernst?

Kinder fühlen sich ernst genommen, wenn man zusammen überlegt, was machbar ist und was nicht. Je öfter Sie die Vorschläge Ihrer Kinder realisieren, desto besser. Vergessen Sie aber nicht, dass Ihre Kinder auch bei der Umsetzung einer ihrer Ideen eine Aufgabe erhalten sollen. Für das Picknick muss zum Beispiel Essen eingekauft, zubereitet und eingepackt werden; vielleicht möchten Sie auch Freunde dazu einladen. Was kann Ihr Kind übernehmen?

Zum Wesentlichen kommen

Ideen sind der Ursprung jeglicher Initiative. Und es macht Spaß, darüber zu diskutieren:

- Kann man in Schwierigkeiten geraten, wenn man voreilig die Initiative ergreift? Wenn ja, um was für Probleme handelt es sich dann?
- Ist auch zu langes Zögern eine mögliche Ursache von Schwierigkeiten? Welche Probleme können sich daraus ergeben?
- Sprühen Sie nur so vor Einfällen oder warten Sie lieber auf die perfekte Idee?

Ein kluges Sprichwort sagt: Perfektionismus ist der Feind des Guten. Versuchen Sie also, das Gute zu erkennen, wenn Sie es vor sich haben.

Ausdauer

Zu Ende bringen, was man begonnen hat

Mit Sätzen wie den folgenden können Sie Ihren Kindern Durchhaltevermögen beibringen:

»Wenn ein Weg blockiert ist, probier es auf einem anderen.«

»Es genügt nicht, etwas anzufangen, du musst es auch zu Ende bringen.«

»Nur wer an einer Sache dranbleibt, bekommt sie am Ende.«

Wie gewöhnt man Kinder daran, Ausdauer zu entwickeln und Dinge zu Ende zu führen?

Der erste Schritt ist oft der leichteste. Dennoch genügt es nicht,

- nur seine Bewerbung zu verschicken, um einen Job zu bekommen.
- einfach einen Laden zu mieten, um ein gut laufendes Geschäft zu starten.
- nur eine Vorabstimmung zu gewinnen, um eine Wahl für sich zu entscheiden.

Ausdauer ist mehr – es ist der Unterschied zwischen denen, die es versuchen, und jenen, die Erfolg haben.

Manche Leute erreichen ihr Ziel scheinbar über Nacht. Doch bei näherem Hinsehen bemerkt man, dass es viel Einsatz erfordert hat, bis sich der Erfolg »über Nacht« einstellte.

Es wird immer Leute geben, die begabter, hübscher oder gebildeter sind als wir. Aber selbst mit all diesen Gaben braucht man Ausdauer, um etwas zu erreichen.

Grundsätzlich gefällt mir der schnellere Lebensrhythmus der heutigen Zeit. Ich benutze gerne Instant-Puddingpulver und manchmal sogar Kartoffelbrei aus der Tüte. Aber die Erfahrung hat mich gelehrt, dass es manchmal einfach Zeit kostet, sein Ziel zu erreichen.

Machen Sie Ihren Kindern mit Worten wie diesen Mut:

»Ich weiß, du schaffst das.«

»Das machst du ganz toll.«

»Das wird mit der Zeit leichter. Irgendwann hast du den Dreh raus.«

Das allein genügt aber oft nicht. Außer Worten können ganz konkrete Erfahrungen Ausdauer lehren. Solche Erfahrungen für Ihre Kinder greifbar zu machen, erfordert allerdings Zeit und Sorgfalt. Ich habe die folgenden Übungen unter der Maßgabe ausgewählt, dass sie nicht nur das Durchhaltevermögen fördern, sondern dass mit ihnen auch gleich ein paar wichtige Dinge im Haushalt erledigt werden.

Packen wir's endlich an!

Es gibt Dinge, die auch wir Erwachsene gerne vor uns her schieben: etwa das Ordnen und Dokumentieren bestimmter Dinge. Die folgenden Übungen sollen helfen, diese schwer zu bewältigenden Aufgaben anzugehen.

Unsere ganz private Fotogalerie (jedes Alter)

Diese Übung fördert den Familiensinn und bewahrt kostbare Momente vor dem Vergessen. Sie benötigen dafür ein Notizbuch oder Fotoalbum, Familienfotos und Stifte.

Breiten Sie die Fotos auf einem großen Tisch aus und überlegen Sie gemeinsam, nach welchen Kriterien sie geordnet werden sollen. Meist bietet sich die chronologische Reihenfolge an. Kleben Sie die Fotos in das Album und lassen Sie Ihre Kinder die Bildunterschriften dazu schreiben. Zum Beispiel: »Das bin ich, Sarah, in meinem ersten Badeanzug.« Wer noch nicht schreiben kann, diktiert seinen Text den Großen.

Sie könnten auch jedes Jahr eine Collage aus den besten Familienfotos zusammenstellen und aufhängen oder eine Wand Ihrer Wohnung zur Familien-Foto-Galerie machen.

Familien-Telefonbuch (6–9 Jahre)

Diese Übung verbindet ein Schreib- und Alphabettraining für die Kinder mit einer Aufgabe, die nach Erledigung schreit: einer Zusammenstellung der für die Familie wichtigen Telefonnummern. Sie brauchen ein gekauftes oder selbst gemachtes Telefonverzeichnis und Schreibzeug.

Suchen Sie alle Nummern zusammen, die in diesem Buch stehen sollen. Etwa die der Schule, der Autowerkstatt, des Pizza-Service und natürlich die Notrufnummern (siehe dazu auch »Um Hilfe rufen«, S. 39).

Zählen Sie gemeinsam alle Familienmitglieder auf. Denken Sie an Tanten, Onkel, Cousinen und Freunde. Zunächst sollten Sie eine Liste auf Schmierpapier anlegen.

Das Alphabetisieren geht leichter, wenn man jeweils Listen mit den Namen aller Leute, die mit demselben Buchstaben beginnen, anfertigt. Sortiert wird nach Familiennamen – falls nötig, helfen Sie Ihrem Kind dabei. Kontrollieren Sie die fertige Liste noch einmal. Dann werden die Namen und Nummern in das Familien-Telefonbuch übertragen.

Sie können das Verzeichnis mit kleinen Zeichnungen Ihrer Kinder oder ausgeschnittenen Abbildungen aus Zeitschriften verzieren. Das fertige Buch sollte immer neben dem Telefon liegen und bei Bedarf mit Namen und Nummern ergänzt werden.

Der Gesundheitsordner (jedes Alter)

In den meisten Familien sind Unterlagen über die medizinische Versorgung an den verschiedensten Orten untergebracht, und kaum jemand weiß, wer wann welche Impfung bekommen hat. Diese Übung sorgt dafür, dass solche Informationen archiviert werden. Ehrlich gesagt, ist das die wohl unangenehmste Arbeit des ganzen Buches, aber sie ist so wichtig, dass Sie unbedingt über Ihren Schatten springen und sie gemeinsam mit Ihren Kindern erledigen sollten.

Sie benötigen dafür alle verfügbaren Informationen über die Gesundheit Ihrer Familie. Dazu gehören Mutter-Kind-Pass, jegliche Befunde, Röntgenaufnahmen, Unterlagen über Klinikaufenthalte und Impfpässe. Außerdem brauchen Sie für jedes Familienmitglied eine eigene Mappe oder einen Hefter.

Sollten Sie keine oder nur unvollständige Aufzeichnungen besitzen, wenden Sie sich an Ihren Haus- oder Kinderarzt. Stellen Sie gemeinsam für jedes Kind eine Liste seiner Kinderkrankheiten auf.

Reden Sie bei dieser Gelegenheit über die Veränderungen in Gewicht und Größe im Lauf der Kindheit und Jugend. Sprechen Sie auch über die verschiedenen Kinderkrankheiten, die Ihre Kinder bereits hatten. Wie haben sie damals ausgesehen, wie fühlten sie sich?

Lernen, Geduld zu haben und sich anzustrengen

Zeit spielt bei der Ausdauer naturgemäß eine wichtige Rolle. Kinder können lernen, nicht sofort ein sichtbares Resultat für ihre Bemühungen zu bekommen.

Bei der Pflanzensaat und -aufzucht können Kinder ihre Geduld genauso üben wie bei der Beobachtung des eigenen Körpers oder beim Erlernen einer neuen Fertigkeit.

Aus der Praxis:
»Wir haben diese Übung in kleinen Schritten absolviert. Zuerst besorgten wir die Blumentöpfe. Dann füllten wir sie mit Erde. Inzwischen ist eine der Bohnen schon eineinhalb Meter hoch gerankt. Den Kindern macht es unheimlichen Spaß, ihre Pflanzen jeden Tag ein Stückchen wachsen zu sehen.«

Unser kleiner Garten (4–9 Jahre)

Jeder beobachtet gerne, wie Samen keimen und durch die Erde brechen. Bei dieser Übung lernen Kinder vor allem, wie man ein begonnenes Projekt auch zu Ende führt. Sie brauchen dafür zwei, drei Tütchen mit Samen, kleine Blumentöpfe, ein Lineal und – je nach Jahreszeit und Ihren räumlichen Verhältnissen – ein wenig Platz im Garten oder ein sonniges Fensterbrett.

Lesen Sie sich gemeinsam die Anweisungen auf dem Samentütchen durch. Besprechen Sie, was zu tun ist, damit die Samen auch keimen.

Streuen Sie nun ein paar Samen aus jeder Tüte und lassen sie diese von Ihren Kindern genau untersuchen. Wie groß sind die Samen? Welche Farbe haben sie? Fühlen Sie, wie hart sie sind. Kann man Unterschiede zwischen den Sorten erkennen? Dann füllen Ihre Kinder die Töpfe bis etwa einen Zentimeter unter den Rand mit Erde, geben ein paar Samen in jeden Topf und bedecken sie locker mit Erde. Am Ende stellen Sie alle Gefäße in den Garten oder aufs Fensterbrett.

Gießen Sie die Samen wie angegeben. Von jetzt an sehen Sie jeden Tag nach, ob die Keime schon sichtbar werden. Es dauert je nach Pflanzenart einige Zeit, bis die Pflänzchen die Erde durchbrechen.

Gesund bleiben

Gesundheit ist eine Aufgabe, die Ausdauer erfordert. Die folgenden Übungen sollen zeigen, dass gesund leben auch Spaß machen kann. Und sogar Kinder wissen schon, dass es nicht lustig ist, krank zu sein.

Gut und gesund (4–9 Jahre)

Diese Übung soll Kindern Lust machen, sich gesund und nicht nur von Fast Food zu ernähren. Sie erfahren dabei, dass gesunde Lebensmittel nicht langweilig sein müssen.

Dafür benötigen Sie Papier und Bleistift, eine Badezimmerwaage und ein paar gesunde Snacks.

Sprechen Sie über die Vorteile ausgewogener Ernährung – gutes Aussehen, mehr Power. Aber reden Sie nicht nur darüber, sondern probieren Sie zu Hause auch ein paar gesunde Zwischenmahlzeiten aus. Zum Beispiel: Karotten, frische Früchte, Rosinen, Nüsse und Mandeln, Trockenobst, rohes Gemüse mit Dips, Gurken oder Tomatenscheiben mit Käse.

Wiegen Sie die ganze Familie der Reihe nach. Wer ist der oder die schwerste? Wer wiegt am wenigsten? Halten Sie wöchentlich Veränderungen fest.

Vielleicht fallen Ihrem Kind ja interessante Kombinationen verschiedener gesunder Lebensmittel ein. Und wenn Sie Ihrem Kind dann noch eine Ecke im Kühlschrank für seine Snacks reservieren, kann es sich seine eigenen kleinen Zwischenmahlzeiten zubereiten.

Trainingsplan (jedes Alter)

Kinder verbringen sehr viel Zeit im Sitzen, und das ist nicht gut für ihre Gesundheit. Ein Bewegungsprogramm für die ganze Familie zu planen und durchzuhalten, bedarf einer gewissen Anstrengung. Diese Übung soll Ihnen dabei helfen.

Besprechen Sie zunächst, wie ein realistischer Plan für die Familie aussehen könnte. Beantworten Sie dazu folgende Fragen: Welche Sportart betreibt jeder von uns am liebsten?

Ist das eher ein Einzel- oder ein Teamsport?

Sind wir dabei lieber drinnen oder im Freien?

Wie viel Zeit können wir täglich dafür aufbringen?

Schreiben Sie ein bis zwei Übungen auf, die jeder regelmäßig machen kann. Zum Beispiel: täglich fünfzehn Minuten lang vor dem Fernseher »joggen«. Im Büro statt des Lifts die Treppe nehmen.

Überlegen Sie, was Ihrer Gesundheit schadet: Zigaretten? Alkohol? Zu wenig frisches Obst und Gemüse? Suchen Sie sich einen Punkt aus, mit dem Sie beginnen wollen. Stellen Sie einen Übungsplan für eine Woche auf und denken Sie sich schon jetzt eine Belohnung aus, wenn Sie es schaffen, ihn einzuhalten. Danach planen Sie die nächste Woche, dann die übernächste. Ihre Kinder werden sich von Ihrer Beharrlichkeit anstecken lassen.

Aus der Praxis:
»Im letzten Monat habe ich unter ärztlicher Aufsicht gefastet. Ich hatte mir vorgenommen, mit einem individuellen Sportprogramm zu beginnen, und diese Übung hat mir den nötigen letzten Anstoß dazu gegeben. Gleichzeitig war sie eine gute Möglichkeit, meiner Tochter zu erklären, warum ich die Diät und das Bewegungsprogramm brauche.«

Falsche Freunde: Alkohol und Nikotin (10–12 Jahre)

Kinder greifen oft unter dem Druck ihrer Freunde zu Zigaretten, Alkohol oder Drogen. Wenn man jedoch über die negativen Auswirkungen von Alkohol und Nikotin Bescheid weiß, fällt es leichter, der Versuchung zu widerstehen. Mithilfe dieser Übung sollen sich Kinder mit diesen Problemen auseinander setzen.

Sie benötigen dafür eine Zeitung, eine Schere. Schaffen Sie auch eine angenehme Gesprächsatmosphäre.

Zählen Sie gemeinsam alle Gründe auf, aus denen Menschen rauchen oder trinken, wie zum Beispiel Neugier oder Langeweile. Wie kann man diese Fallen umgehen?

Sagen Sie Ihren Kindern, wie Sie darüber denken. (Selbst wenn Sie als Eltern Raucher sind, hilft es schon, Ihren Kindern die Gründe, vor allem aber die Nachteile Ihrer Gewohnheit zu nennen. Ebenso empfiehlt es sich, ausdrückliche Warnungen auszusprechen.)

In den Zeitungen ist oft von Sportlern die Rede, die des Dopings überführt werden. Schneiden Sie eine Woche lang Artikel über solche Fälle aus, desgleichen über Unfälle oder Brände, die durch Alkohol und Rauchen verursacht wurden. Sprechen Sie darüber. Wären diese Ereignisse vermeidbar gewesen? Kennen Sie selbst jemanden, der durch Alkohol, Nikotin oder andere Drogen Schaden genommen hat?

Schneiden Sie auch Anzeigen aus, die für Alkohol oder Zigaretten werben. Was sagen diese Bilder aus? Worin stimmen Sie und Ihre Kinder nicht mit den Werbeleuten überein?

Übung macht den Meister (jedes Alter)

Dieses Gespräch soll Kindern klar machen, dass es Übung und Zeit braucht, um etwas Neues und Schwieriges zu lernen.

Unterhalten Sie sich über Ihre Freizeitaktivitäten: Schwimmen, Nähen, Fahrradfahren, Lesen usw. Dann versucht jeder, sich daran zu erinnern, wann er diese Fertigkeit erlernt und wie lange das gedauert hat. Hat man anfangs Fehler gemacht oder macht sie vielleicht bis heute?

Jeder kann irgendetwas besonders gut. Überlegen Sie sich, wie Sie einem Freund oder Familienmitglied diese Fertigkeit beibringen könnten. Gehen Sie dabei schrittweise vor: Beim Nähen beginnen Sie mit dem Einfädeln des Fadens, beim Basketball wird zunächst das Dribbeln trainiert usw.

Wenn Kinder Tag für Tag ihre Kleidung in Ordnung halten oder den Tisch abräumen, sind das auf den ersten Blick Kleinigkeiten. In Wirklichkeit lernen sie dabei jedoch etwas Grundlegendes.

Steigern Sie bei jeder neuen Aufgabe, der sich Ihre Kinder widmen sollen, den Schwierigkeitsgrad. Äußern Sie hilfreiche, nie verletzende Kritik. Bieten Sie Ihre Hilfe an, ohne den anderen schlecht zu machen.

Aufgeben ist einfach

Ich bin nicht der Meinung, dass man Begonnenes immer auch zu Ende führen muss, aber man sollte bereit sein, das eine oder andere abzuschließen. Ob das gelingt, hängt selbstverständlich immer auch von der jeweiligen Situation ab. Wenn mir ein Buch, das ich zum Vergnügen lesen möchte, nicht gefällt, lege ich es einfach weg. Als Schüler dagegen muss man die »Pflichtlektüre« – wie der Name schon sagt – bewältigen, so wie man als Angestellter die einem anvertrauten Aufgaben erledigen muss.

Manche Dinge stehen zur Wahl, andere nicht. Jede Familie sollte deshalb für sich selbst festlegen, wo die Entscheidungsfreiheit aufhört und das »Pflichtprogramm« beginnt.

Aus der Praxis:
»Meine Tochter hilft mir oft beim Zusammenlegen der Wäsche und faltet dann *alle* Handtücher oder Socken zusammen. Danach ist sie richtig stolz, weil sie dabei geblieben ist, bis sie fertig war.«

So lehrt man Ausdauer:
Erfahrungen mit unseren Kindern teilen
Wer träumt nicht von Szenen wie diesen?
Sie spielen auf einer Bühne ein Klavierkonzert, und die Augen aller Zuhörer ruhen voller Bewunderung auf Ihnen. Raten Sie mal, was Sie dabei verdrängt haben? Genau – vorher zu üben. Sie stehen vor einer tausendköpfigen Menschenmenge an einem Rednerpult und sind drauf und dran, die bedeutendste Ansprache des Jahrzehnts zu halten. Woran haben Sie dabei nicht gedacht? Exakt – dass die Rede erst mal geschrieben werden muss.

Erzählen Sie Ihren Kindern von diesen Träumen. Sie sind etwas Wunderbares, und wahrscheinlich werden sich Ihre Kinder darüber wundern, dass auch Sie sich so etwas ausmalen. Aber diese Vorstellungen werden auf ewig Träume bleiben, wenn Sie nicht die Ausdauer haben, sie zu verwirklichen.

Ein Gespräch in Gang bringen:
Unsere Tagträume
Erzählen Sie einander jeweils einen Traum mit dem Thema: Was würdest du dir wünschen?
Zum Beispiel würde sich eine Mutter gerne einmal die Woche an eine opulente Tafel setzen, ohne dafür einkaufen oder kochen zu müssen.
Ein Schulkind wünscht sich, mit einem Zeugnis voller Einser nach Hause zu kommen, ohne ein einziges Buch gelesen, eine einzige Hausarbeit geschrieben oder irgendetwas für seine Prüfungen gelernt zu haben.
Die Realität sieht leider anders aus. Unterhalten Sie sich darüber, wie sich Ihre Wünsche realisieren ließen. Wer könnte bei der Festtagstafel helfen? Welche Bücher muss man gelesen, welche Arbeiten geschrieben haben, um gute Noten zu bekommen? In jedem Fall braucht man Zeit und Ausdauer, bis das Ziel erreicht ist.

Zum Wesentlichen kommen
Diskutieren Sie über folgende Fragen
- Kann der Weg manchmal spannender sein als das Ziel?
- Ist Sturheit immer etwas Schlechtes oder kann sie gelegentlich auch nützen?
Wie bringen wir uns dazu, etwas zu tun, das wir eigentlich nicht tun möchten?

Mitgefühl

Sich um andere kümmern

Haben Sie Bedenken, dass Ihr Kind sich um andere kümmert, Mitgefühl zeigt, aufmerksam ist? Falls ja, haben Sie vermutlich schon öfter gedacht oder zu ihm gesagt:

»Sei nicht so egoistisch.«

»Du musst auch an andere Menschen denken.«

»Glaubst du, du bist allein auf der Welt?«

»Meinst du, du bist der Einzige, auf den es in dieser Familie ankommt?«

Mithilfe der Übungen in diesem Kapitel soll Ihr Kind lernen, auf andere zu achten. Sie zeigen, wie man an seine Mitmenschen denkt, sich für sie interessiert, ihnen zuhört und von ihnen lernt.

»Ich«, »mir«, »mich«. – Das sind die Wörter, die ein Kind lernt, bevor es »du«, »dir«, »dich« sagen kann.

Als ich Mitgefühl in die Liste der Megaskills aufnahm, musste ich mich mit der Frage auseinander setzen, wie diese Eigenschaft sich mit der Definition von Megaskills verträgt. Hilft es Kindern so wie die anderen Megaskills beim Lernen?

Ich glaube, Mitgefühl gehört nicht nur auf diese Liste, weil es eine »nette« Eigenschaft ist, sondern weil es uns hilft, voneinander zu lernen. Mitgefühl stellt Verbindungen her. Es gibt uns und unseren Kindern ein Gefühl von Gemeinschaft.

Kinder aus Klein- und Kleinstfamilien haben hier möglicherweise mehr zu lernen als Kinder mit vielen Geschwistern, weil sie von Geburt an spüren, dass sie nicht allein auf der Welt sind.

Kinder sind im Laufe ihrer Entwicklung unheimlich viel mit

sich selbst und ihren eigenen Bedürfnissen beschäftigt. Aber sogar den Kleinsten können Eltern und Erzieher beibringen, auch an andere zu denken.

Eine Welt voller Anteilnahme

In diesem Kapitel soll von persönlichen Erfahrungen mit der Familie und mit Freunden die Rede sein, aber auch von Aktivitäten außerhalb der eigenen vier Wände, innerhalb einer größeren Gemeinschaft. Bei diesen Übungen geht es in erster Linie um das Miteinanderreden – das Teilen von Gedanken und Gefühlen.

Die meisten von uns leben und arbeiten in den konzentrischen Kreisen von Familie, Freundeskreis, Schule bzw. Beruf und Dorf bzw. Stadt. Im Mittelpunkt steht die Familie, und hier lernen die Kinder, wie man sich um andere kümmert. Dieses Wissen wenden sie dann auch in den anderen Kreisen an.

Familiennachrichten (7–9 Jahre)

Bereiten Sie Ihr Kind darauf vor, dass Sie einander in den nächsten drei Tagen schriftliche Botschaften übermitteln wollen. Jede Nachricht soll dem anderen etwas Besonderes, etwas Nettes mitteilen. Es sollte etwas sein, das man am anderen bemerkt hat, etwa: »Ich mag dein Lächeln« oder »Dein Essen von gestern Abend war sehr lecker« oder »Dein Hühnchen schmeckt mir am besten«. Kinder, die noch nicht (so gut) schreiben können, diktieren Ihnen einfach ihre Botschaften an Sie.

Überlegen Sie sich einen Ort, an dem die Nachrichten deponiert werden sollen. Sie können sie an den Kühlschrank kleben, zu den Pausenbroten legen oder am Abendbrottisch austauschen.

Bitten Sie als Besonderheit einen »Überraschungsgast«, Ihrem Kind eine Botschaft zu schicken. Zum Beispiel einen guten Freund, die Großeltern oder eine Nachbarin.

Aus der Praxis:
»Als geschiedener Vater sehe ich meine Kinder immer nur am Wochenende. Und fast jedes Mal, wenn ich sie zurück zu ihrer Mutter brachte, haben wir auf der Fahrt gestritten. Jetzt machen wir auf dem Rückweg zusammen Megaskills-Übungen und, ehrlich gesagt, hat sich dadurch die ganze Atmosphäre verändert. Wir verabschieden uns jetzt viel liebevoller.«

Wie ginge es dir, wenn ...? (4–8 Jahre)

Bei dieser Übung geht es darum, zu lernen, wie man sich in andere Menschen hineinversetzt. Das ist eine unverzichtbare Voraussetzung für gute Teamarbeit.

Lassen Sie Ihr Kind zunächst das Aussehen einer bestimmten Person – eines Freundes oder Lehrers – beschreiben. Es kann auch eine Zeichnung anfertigen, denn oft sind Bilder aussagekräftiger als Worte.

Fragen Sie dann, wie es der beschriebenen Person gerade geht. Zum Beispiel: »Diana hat gerade ein Radrennen gewonnen. Wie mag sie sich fühlen?« – »Tim ist gerade hingefallen. Wie fühlt er sich wohl?« Und was wird die- oder derjenige aufgrund seiner momentanen Gefühle vermutlich als Nächstes tun?

Fordern Sie Ihre Kinder nun auf, sich an Ihre Stelle zu versetzen. Wie ist Eltern zumute, wenn der Boden in der ganzen

Wohnung verdreckt ist? Wie fühlen sie sich, wenn sie ihre Kinder immer wieder an die Hausaufgaben erinnern müssen?

Dann werden die Rollen getauscht, und Sie versuchen, sich in Ihre Kinder zu versetzen: am ersten Schultag, wenn ein wichtiger Test zurückgegeben wird oder wenn man in eine Sportmannschaft gewählt oder nicht gewählt wird.

Kinder werden Ihnen glauben, dass Sie sie verstehen können, wenn Sie ein paar Gefühlserinnerungen mit ihnen geteilt haben. Erzählen Sie nicht nur, was an Ihrem ersten Schultag alles passiert ist, sondern auch wie Sie sich gefühlt haben.

Grußkarten für Freunde und Nachbarn (4–8 Jahre)

Bei dieser Übung basteln Kinder Gruß- und Glückwunschkarten selbst. Dabei ist man nicht nur kreativ, sondern zeigt auch den Empfängern, wie viel einem an ihnen liegt.

Sie brauchen dafür Papier, Farbstifte, Schere, Klebstoff, alte Karten und Zeitschriften.

Schauen Sie sich, um Anregungen zu sammeln, mit Ihren Kindern ein wenig in einem Schreibwarenladen oder der Grußkartenabteilung eines Kaufhauses um. Dann überlegen Sie gemeinsam, wer eine selbst gemachte Karte bekommen soll. Gibt es in Ihrem Bekanntenkreis jemanden, den man aufmuntern könnte? Hat ein Freund oder Verwandter Geburtstag? Lebt in der Nachbarschaft ein älterer oder allein stehender Mensch?

Falten Sie ein Blatt Papier (DIN A5) in der Mitte. Lassen Sie Ihr Kind dann ein Motiv aus einer Zeitschrift ausschneiden oder ein Bild für das Deckblatt malen. Weitere Anregungen finden Sie zum Beispiel auf alten Karten, die Sie selbst bekommen haben, oder in Gedichtbänden. Die fertige Karte wird adressiert und mit der Post verschickt oder persönlich zugestellt.

Wie kann ich helfen? (9–12 Jahre)

Haben Sie einen älteren Nachbarn oder betagte Verwandte in der Nähe wohnen? Wenn ja, wie wäre es dann, wenn Ihr Sohn oder Ihre Tochter regelmäßig – vielleicht ein– oder zweimal pro Woche – eine wichtige Aufgabe für diese Person übernimmt (jedoch nur nach Rücksprache mit dieser)? Je nachdem, wie alt Ihr Kind ist, könnte es zum Beispiel einkaufen oder zum Postamt oder mit auf einen Spaziergang gehen oder aus der Zeitung vorlesen.

Natürlich ist es wichtig, dass Sie und auch Ihr Kind diesen Menschen genau kennen und ihm vertrauen.

Es bleibt in der Familie (9–12 Jahre)

Um zu wissen, wie man sich verhalten soll, muss man erst einmal wissen, wie man auf andere wirkt, insbesondere auf Familienmitglieder. Diese Übung gibt Kindern eine Rückmeldung auf ihr Benehmen.

Beurteilen Sie sich gegenseitig – konstruktive Kritik ist erlaubt –, aber achten Sie darauf, dass niemand dabei verletzt wird. Das Gespräch sollte in einer angenehmen Atmosphäre stattfinden, zum Beispiel beim Abendessen oder auf einer Autofahrt. Besprechen Sie folgende Fragen:
»Wie gut kann ich zuhören?«
»Wie viel helfe ich im Haushalt?«
»Mache ich dich/euch manchmal traurig? Wodurch?«
»Mache ich dich/euch manchmal glücklich? Womit?«

Überlegen Sie sich gemeinsam für jedes Familienmitglied zwei Dinge, die es glücklich, und zwei, die es traurig stimmen.

Denken Sie sich außerdem etwas aus, das jeder leicht bewerk-
stelligen kann, um dem Rest der Familie eine Freude zu machen.

Sprechen Sie in Ruhe über all das und auch darüber, wie
schwer oder leicht es ist, jemanden glücklich zu machen. Kinder sollten die erstaunliche Wirkung von kleinen Gesten – ein
Kuss, eine Blume, ein aufmunterndes Wort – kennen und auch
einmal selbst anwenden.

Kinder haben eine Menge Mitgefühl und unterscheiden sich
darin gar nicht so sehr von den Erwachsenen.

Folgende Aussagen haben Kinder über sich gemacht. Fragen
Sie auch Ihre Kinder nach ihren Wünschen. Wo stimmen sie
mit den genannten überein, was sehen sie anders?

Ich bin glücklich, wenn ...

... ich gewinne.

... ich gute Noten habe.

... ich mein Lieblingsspielzeug bekomme.

... ich Geburtstag habe.

Meiner Familie wünsche ich, dass ...

... sie im Lotto gewinnt.

... wir nach Legoland fahren.

... alle gesund sind, sich gern haben und einander helfen.

Über uns (7–12 Jahre)

Diese Übung soll Kindern helfen, mehr von ihren Mitmenschen zu erfahren und Erkenntnisse von sich selbst mit anderen zu teilen. Da dies eine sehr persönliche Angelegenheit ist,
können Sie sie auch bis auf weiteres zurückstellen.

Sie brauchen dafür Papier und Stifte.

Beenden Sie jeder für sich die folgenden Sätze und vergleichen Sie anschließend, was Sie geschrieben haben.

Ich bin glücklich, wenn _____

Ich habe Angst vor _____

Es macht mich traurig, wenn _____

Ich habe Spaß an _____

Am liebsten mag ich _____

Wenn ich alleine bin, _____

Es ist mir wichtig, dass _____

Sprechen Sie über das, was jeder aufgeschrieben hat, und erzählen Sie sich von ein paar schönen und ein paar traurigen Erlebnissen. Dabei wird es vielleicht Tränen, aber sicher auch eine Menge Spaß geben. Genießen Sie die besondere Atmosphäre, die bei diesem Gespräch entsteht.

Unser Viertel (4–6 Jahre)

Gerade jüngere Kinder sollten Ihre nähere Umgebung und die Menschen, die dort wohnen, kennen. Das ist für ihre Sicherheit ebenso wichtig wie für ihr Gefühl von Geborgenheit.

Basteln Sie gemeinsam eine Karte Ihrer Wohngegend. Sie brauchen dafür einen großen Bogen Papier, eine Schere, Klebstoff, Farbstifte und ein Lineal.

In die Mitte des Blattes kommt Ihr Zuhause, das ist der Mittelpunkt der Welt Ihres Kindes. Markieren Sie es mit einem X oder einem kleinen Foto Ihres Hauses oder Ihrer Familie. Dann werden die Namen Ihrer Nachbarn zur Rechten und zur Linken aufgelistet. Wenn Sie jemanden nicht kennen, dann kann das Herausfinden des Namens eine Gelegenheit sein, sich vorzustellen.

Von Ihrem Haus ausgehend zeichnen Sie dann die Straße, in der Sie wohnen, oder den ganzen Block ein, außerdem den Schulweg Ihres Kindes und die Strecke zum nächsten Lebensmittelladen.

Kümmern Sie sich nicht allzu sehr um exakte Maßstäbe und Entfernungen. Schließlich tragen Sie mit einer eigenen Farbe die Straßennamen und die Telefonnummern der Nachbarn und Bekannten, gegebenenfalls auch aller öffentlichen Gebäude ein. Das örtliche Telefonbuch und ein Stadtplan können Ihnen dabei helfen.

Die fertige Karte wird für alle Familienmitglieder gut sichtbar aufgehängt. Wenn Sie mit Ihrem Kind die Nachbarschaft noch nicht zu Fuß erkundet haben, sollten Sie diesen Spaziergang so bald wie möglich nachholen.

Jeder Mensch ist anders (jedes Alter)

Diese Übung hilft Kindern, die Unterschiede zwischen Menschen schätzen zu lernen. Überlegen Sie, wie Leute sich bewusst von anderen abheben. Zum Beispiel durch Kleidung, ihre Art zu reden, ihre Frisur, ihre Freizeitgestaltung.

Jetzt denken Sie gemeinsam darüber nach, was Leute tun, um einander ähnlich zu sein. Vielleicht sind die Antworten ja dieselben wie bei der ersten Frage. Wenn ja, was bedeutet das?

Fällt jedem eine Person ein, die Probleme hat, mit anderen zurechtzukommen? Was könnten die Gründe dafür sein? Gibt es etwas, das Sie tun könnten, umso jemandem zu helfen?

Sprechen Sie über Behinderungen und behinderte Menschen. Helfen Sie Ihren Kindern, Mitgefühl und Verständnis für sie zu entwickeln. Lesen Sie gemeinsam Artikel oder Geschichten über das Leben mit einer Behinderung. Noch besser ist es, wenn Ihr Kind selbst Erfahrungen mit behinderten Menschen machen kann: in der Schule, im Verwandten- oder Freundeskreis oder in der Nachbarschaft. Fragen Sie sich auch, warum sich manche Menschen über jemanden, der »anders« ist, lustig machen. Vielleicht verhält sich ein Kind so, weil sich niemand die Mühe gemacht hat, mit ihm darüber zu sprechen.

Sammeln Sie gemeinsam Eindrücke von verschiedensten Menschen.

Wer kennt jemanden, der eine andere Muttersprache hat? Wer kennt einen Schauspieler? Oder jemanden, der außergewöhnlich alt ist?

Haben Sie kürzlich jemanden gesehen, der »anders« ist? Zum Beispiel einen Obdachlosen mit ganz vielen Plastiktüten, einen Mann im Rollstuhl, eine blinde Frau. Stellen Sie sich vor, wie es wäre, dieser Mensch zu sein. Sprechen Sie über die Probleme, die so jemand hat, und darüber, wie er vermutlich mit ihnen umgeht.

Suchen Sie Kontakt zu Menschen aus anderen Ländern. In vielen Städten ist die Bevölkerung sowieso schon international. Unterhalten Sie sich einmal mit Ihren türkischen, schwedischen, russischen oder chinesischen Nachbarn und fragen Sie sie nach ihrer Heimat.

Aus der Praxis:
»Meine Kinder erfahren allmählich, dass Leute, die verschieden aussehen, gar nicht so verschieden sind. In jedem Klassenzimmer, jedem Supermarkt begegnet man heute ›Ausländischem‹. Wir lieben die türkische, italienische, griechische und chinesische Küche. Bei uns leben Menschen vieler Nationen und sie machen unseren Alltag spannender und interessanter.«

Wer kann mir helfen? (ab 6 Jahren)

Es gibt immer etwas, das andere Menschen für uns tun können. Aber zunächst müssen sie wissen, dass wir ihre Hilfe brauchen.

Für diese Übung benötigen Sie Papier und Schreibzeug.

Machen Sie auf einem Bogen Papier zwei Spalten. Über die eine Spalte schreiben Sie: »Hilfe gesucht für ...«, über die andere: »Wer kann helfen?« Dann wird das Blatt gut sichtbar in der Wohnung aufgehängt. Wer seine Hilfe anbieten möchte, trägt sich an der entsprechenden Stelle in die Liste ein.

Beispiel: Mamas Wecker ist kaputt und Onkel Klaus, der gerade zu Besuch kommt, bietet an, ihn zu reparieren. Susanne braucht vielleicht jemanden, der ihren Schulaufsatz auf Rechtschreibfehler durchsieht; ihr großer Bruder bietet seine Hilfe an.

Kinder erfahren und lernen dabei, dass sie ihre besonderen Fähigkeiten nutzen können, um anderen zu helfen.

Helden des Alltags (ab 6 Jahren)

Diese Übung soll zur Hilfsbereitschaft ermuntern.

Sie brauchen dafür mehrere Zeitungen, Schreibzeug und eine Schere.

Suchen Sie gemeinsam nach Artikeln über Heldentaten ganz normaler Menschen und schneiden Sie sie aus. Vielleicht hat jemand einen anderen aus dem Feuer gerettet, einen Bankräuber aufgehalten oder ein Kind davor bewahrt, von einem Auto überfahren zu werden.

Erzählen Sie auch von einer Situation, in der Sie besonders hilfsbereit waren.

Überlegen Sie, ob Sie einen selbstlosen, hilfsbereiten Menschen (einen Prominenten oder eine unbekannte Person) kennen, den Sie bewundern? Was gefällt Ihnen an dieser Person? Was kann man von ihr lernen?

Zeit als Geschenk (jedes Alter)

Ein Geschenk ist immer ein Anlass darüber nachzudenken, was einen anderen glücklich machen könnte.

Überlegen Sie gemeinsam, welche Geschenke man gerne bekommt, auch wenn sie nur wenig oder kein Geld kosten. Welche Geschenke kann man selber machen? Was braucht man, um Plätzchen zu backen, einen Topflappen zu häkeln oder ein Modellflugzeug zu basteln?

Wem würden Sie gerne etwas schenken und was würde zu wem passen? Sammeln Sie Ideen und denken Sie auch an immaterielle Geschenke. Vielleicht kann man auch eine besondere Fähigkeit »verschenken«. Ein paar Vorschläge für Kinder: »Ich spiele eine Stunde Ball mit meinem kleinen Bruder.« – »Ich mache drei Tage lang das Bett meiner Schwester.« – »Ich jäte für Mama eine Woche lang den Garten.« – »Ich poliere das Auto.« Und auf den Gutscheinen der Erwachsenen könnte zum Beispiel stehen: »Ich lese dir nächste Woche jeden Abend mindestens eine Viertelstunde lang etwas vor.« Oder: »Am kommenden Wochenende machen wir zusammen einen Ausflug.«

Einige der schönsten Dinge, die Eltern und Kinder gemeinsam tun können, kosten gar nichts.

Aus der Praxis:
»Wenn bei uns zu Hause der Ton rüde wird, nehmen wir uns eine Auszeit und sagen: ›Wir sollten uns mindestens zwei Möglichkeiten überlegen, wie wir wieder nett zueinander sein können.‹ Das klingt vielleicht banal, aber es funktioniert. Und es ist tatsächlich leichter, sich zwei Wege auszudenken als nur einen.«

Sich kümmern und zuhören

Kinder brauchen Menschen, die für sie da sind. Nachdem meine Mutter gestorben war, musste mein Vater für uns ihre Rolle mit übernehmen. Das fiel ihm nicht nur deshalb sehr schwer, weil er jeden Tag drei Stunden zur Arbeit pendelte, sondern auch weil er bis zum Tod unserer Mutter nicht allzu viel mit uns Kindern zu tun gehabt hatte.

Freunde erzählten meinem Vater von Millie, einer unverheirateten Frau mittleren Alters auf Wohnungssuche, die gerade aus England nach Amerika gekommen war, um hier zu arbeiten. Millie wollte eine Familie. Wahrscheinlich hätte sie gerne geheiratet und selbst Kinder bekommen, aber stattdessen bekam sie mich. Wir hatten ein freies Zimmer (weil mein Bruder inzwischen aufs College ging), also zog sie bei uns ein. Vielleicht wollte sie meinen Vater ja heiraten. Dazu kam es zwar nicht, aber sie kümmerte sich in einer Zeit um mich, in der ich mich mutterseelenallein fühlte.

Millie versuchte nicht, meine Mutter zu ersetzen, aber sie zeigte mir auf vielerlei Weise, dass ich ihr etwas bedeutete. Wir gingen zusammen essen und ins Kino, wenn mein Vater lange arbeiten musste. Sie brauchte meine Gesellschaft genau so wie ich die ihre, denn Millie hatte Heimweh nach England.

Heute, viele Jahrzehnte später, ist Millie zwar schon lange tot, aber ich erinnere mich besser an ihre Gegenwart als an irgendetwas, das sie für mich getan hat. Sie war für mich da, als ich allein war, und sie hörte mir zu. Wenn es um Mitgefühl geht, ist das das Wichtigste.

So lehrt man Mitgefühl:
Erfahrungen mit unseren Kindern teilen

Die Nachrichten sind voll von Meldungen darüber, dass Menschen sich nicht mehr umeinander kümmern. Deshalb ist es von großer Bedeutung, dass wir unseren Kindern Geschichten erzählen, die ihnen vor Augen führen, dass Mitgefühl existiert, und ihnen Beispiele dafür zu zeigen. Solche Vorbilder sind wichtig für ihr eigenes Verhalten.

Dazu auch eine kleine Geschichte: Als Bernhard neun Jahre alt war, musste er wegen einer schweren Erkrankung sechs Monate lang im Bett liegen. Jeden Tag kam seine siebenjährige Schwester Eva aus der Schule nach Hause gestürmt. Doch bevor sie nach draußen zum Spielen ging, schaute sie bei Bernhard vorbei und fragte ihn: »Willst du hören, wie mein Tag war?«

Dann sprudelten lustige Geschichten über Klassenkameraden, Lehrer und besondere Ereignisse aus ihr heraus. Die beiden hatten viel zu lachen und genossen die Zeit, die sie miteinander verbrachten.

Wie kam dieses kleine Mädchen dazu, ihrem Bruder von ihrem Tag zu erzählen? Das hatte sie sich von ihren Eltern abgeschaut. Sie waren beide berufstätig, und wenn sie nach Hause kamen, erzählten sie einander von den Ereignissen ihres Arbeitstages.

Ein Gespräch in Gang bringen:
Achtsam und unachtsam

Wenn Sie bewusst darauf achten, werden Sie bemerken, wie sich Leute unaufgefordert um andere kümmern: Ihr Chef stärkt Ihr Selbstvertrauen; Ihre Nachbarin hütet ab und zu Ihre Kinder; der Lehrer Ihres Kindes teilt Ihnen

auf einer Nachricht mit, was Ihr Sohn gut gemacht hat.
Fragen Sie Ihre Kinder nach Situationen, in denen jemand aufmerksam gewesen ist. Sind sie selbst in letzter Zeit zu jemandem besonders nett gewesen? Wer war nett zu ihnen?

Reden Sie auch über Situationen, in denen jemand nicht besonders nett war.

Wenn Sie mehrere Kinder haben, fragen Sie sie, ob sie untereinander mehr streiten als mit ihren Freunden. Wenn ja, warum? Was könnte man dagegen tun?

Zum Wesentlichen kommen

Das Thema Mitgefühl wirft einige wichtige Fragen auf:

- Bekommt derjenige, der etwas für andere tut, sich um sie kümmert, auch irgendwas zurück?
- Was bedeutet Egoismus?
- Kennen Sie einen uneigennützigen Menschen?

Ein Sprichwort sagt, dass wir umso mehr zurückbekommen, je mehr wir geben. Wie haben Sie Freude am Geben erlebt?

Teamgeist

Mit anderen zusammenarbeiten

Teamfähige Menschen erkennt man immer erst dann, wenn man mit ihnen zusammenarbeitet:

Sie beanspruchen nicht alles Lob für sich.

Sie haben eine Vision, die sie mit anderen teilen.

Sie lachen mit anderen, nicht über sie.

Sie sind hilfsbereit.

Die Übungen in diesem Kapitel wollen die Fähigkeit des Kindes zur Zusammenarbeit mit anderen fördern. Das Kind soll lernen, Teil eines Teams zu sein und mit ihm ein gemeinsames Ziel anzustreben.

Teamgeist ist nicht nur im Sport unverzichtbar, sondern auch im Berufsleben und innerhalb der Familie.

Doch diesen zu fördern, ist nicht immer leicht. Gerade in der Schule gibt es einen unangenehmen Widerspruch zwischen individueller und Gruppenarbeit. Man beurteilt die Schüler als Individuen und erwartet von ihnen Leistung; sie sollen eher miteinander konkurrieren als kooperieren.

Außerhalb der Schulmauern ist das anders. Auf dem Fußballplatz kann auch der beste Spieler nicht allein gewinnen; und in einem Orchester müssen die Musiker harmonisch zusammen spielen. Beurteilungen am Arbeitsplatz verdeutlichen, dass nur derjenige gut abschneidet, der teamfähig ist.

Um eine große Herausforderung als Team zu bewältigen, teilen wir uns die Arbeit und jeder von uns übernimmt eine Teilaufgabe. So führen wir den Haushalt oder sogar ein Unternehmen.

Gemeinsam und allein

Es gibt zwei Arten von Teams: das eine, in dem man zusammen das Gleiche tut, etwa in einer Eimerkette zum Feuerlöschen; und das andere, in dem jeder eine andere Aufgabe übernimmt und dennoch auf ein gemeinsames Ziel hinarbeitet, etwa beim Hausputz.

Es ist etwas Besonderes, am selben Ort zu sein und eine Arbeit gemeinsam zu machen. Bevor Sie Ihrem Kind einen eigenen Auftrag geben, sollten Sie diese Tätigkeit zunächst gemeinsam mit ihm ausführen. Dabei behalten Sie es nicht nur vorerst im Auge, sondern es fördert auch seinen Teamgeist, wenn es erlebt, wie eine Aufgabe gemeinsam erledigt wird.

Meine Freundin Ruth erzählte mir, wie sie einmal mit ihren Kindern zu ihrem Mann aufs Dach gestiegen war, um gemeinsam die Holzschindeln zu reparieren. Die Kinder reichten Nägel an, hielten die Leiter – und fühlten sich einfach als Teil des Teams.

Die gleiche Atmosphäre entsteht, wenn Familien gemeinsam Plätzchen backen, einander laut vorlesen, gemeinsam einen Reifen wechseln, Schnee schieben oder Laub zusammenrechen.

Meine Kinder verabscheuten Hausarbeit, aber sie fanden sich eher damit ab, wenn wir alle zusammen in einem Zimmer arbeiteten, wo einer Staub wischte, ein anderer Möbelpolitur auftrug und ein Dritter die Fenster putzte. Sie harkten im Garten sogar freiwillig das gesamte Laub – allerdings nur gemeinsam.

Den Samstagmorgen haben meine Kinder allerdings nicht in guter Erinnerung, weil ich dann immer darauf bestand, dass sie zuerst ihre Haushaltspflichten erledigten und dann erst zum Spielen nach draußen gingen. Das war besonders hart, wenn draußen schon Kinder auf sie warteten, während sie drinnen noch eine Hausarbeit zu erledigen hatten.

Die folgenden Übungen teilen Arbeit zwar auf, erzeugen aber dennoch den so wichtigen Teamgeist.

Nehmen Sie das Angebot an

Viele kleine Kinder bieten ihre Mithilfe bei häuslichen Tätigkeiten an, noch bevor ihre Eltern sie darum bitten. Sie betteln darum, das Abendessen machen oder den Rasen mähen zu dürfen. Eltern lehnen diese Angebote oft ab, weil die Mithilfe der Kinder mehr Arbeit bedeutet – zunächst. Es ist sicher leichter, die Arbeit anstelle des Kindes selbst zu tun. Man braucht Zeit und Geduld, um einem kleinen Kind eine Tätigkeit zu erklären, sie ihm Schritt für Schritt vorzumachen, anschließend zurückzutreten und es die Sache dann selbst ausprobieren zu lassen. Aber wie in vielen anderen Bereichen der Erziehung auch sind solche Anstrengungen Investitionen in die Zukunft.

Eine echte Aufgabe (4–6 Jahre)

Sprechen Sie mit Ihren Kindern über die anfallenden Arbeiten im Haushalt und fragen Sie sie, was sie ihrer Meinung nach übernehmen können. Vielleicht überrascht es Sie, wie bereitwillig und begierig sie sind, eine Aufgabe anzupacken.

Stecken Sie sich gemeinsam realistische Ziele und beginnen sie mit leichten Aufgaben. Beispiel: Ein Vierjähriger kann jeden Tag die Zeitung aus dem Briefkasten holen und den Küchentisch abwischen.

Verwandeln Sie Arbeit in Spiel. Stellen Sie sich und Ihrem Kind die gleiche Aufgabe und machen Sie einen Wettstreit daraus, wer die Zeitung eher erwischt oder den Tisch schneller abwischen kann. Mit ziemlicher Wahrscheinlichkeit wird Ihr Kind mit der Zeit immer häufiger gewinnen.

Vergessen Sie bei all dem aber nicht, Ihrem Kind auch zu zeigen, wie man etwas macht!

Arbeit aufteilen (7–9 Jahre)

Eine Arbeit im Haushalt in verschiedene Teilaufgaben aufzuspalten, ist die beste Methode, sie überschaubar und bewältigbar zu machen. Gewöhnen Sie Ihr Kind daran, als Mitglied des Familien-Teams Verantwortung zu übernehmen. Für diese Übung brauchen Sie Papier und Bleistift.

Wählen Sie eine Arbeit aus, die aus mehreren Schritten besteht. Ein gutes Beispiel dafür ist die Zubereitung einer Mahlzeit. Was tun Sie als Erstes? Was kommt danach? Ihre Liste könnte etwa so aussehen:

Ein Gericht aussuchen.
Die Zutaten einkaufen.
Kochen.
Tisch decken.
Danach die Küche aufräumen.

Nun soll sich jedes Familienmitglied eine Aufgabe auf der Liste aussuchen. Indem jeder sein Teil beiträgt, entsteht Teamgeist. Und vergessen Sie bloß nicht die segensreiche Wirkung eines dicken Lobes!

Aus der Praxis:
»Mein Sohn half mir beim Wegräumen der sauberen Wäsche und meinte, nachdem wir damit fertig waren: ›Mama, das ist aber eine Menge Arbeit, die du da jeden Tag machst. Ich glaube, wir sollten dir öfter helfen.‹ Da fiel ich vor Begeisterung fast in Ohnmacht.«

Hausarbeit organisieren (10–12 Jahre)

Mithilfe dieser Übung können Familienmitglieder einander freundlich an Aufgaben erinnern, die erledigt werden müssen.

Stellen Sie gemeinsam eine Liste aller anfallenden Hausarbeiten auf und trennen Sie zwischen täglichen und wöchentlichen Tätigkeiten.

Wöchentlich: Wäsche waschen, Staub saugen, einkaufen.

Täglich: Abendessen kochen, Betten machen, Müll rausbringen, Haustiere versorgen.

Beschließen Sie gemeinsam, wer was wann macht, und schreiben Sie die Namen neben die Aufgaben. Später kann auch getauscht werden. Versuchen Sie, bestimmte Arbeiten nicht als Männer- oder Frauenarbeit zu etikettieren. Welche Dinge werden meist von den Kindern erledigt? Tischdecken und Abräumen vielleicht? Was machen häufig die Erwachsenen? Wäsche waschen zum Beispiel? Tauschen Sie, falls möglich, auch einmal diese Aufgaben.

Auch mit Märchen kann man Hilfsbereitschaft propagieren. Ein Klassiker für jüngere Kinder ist das Märchen vom ›Aschenputtel‹. Die bösen Stiefschwestern, die ihr nie geholfen haben, werden bestraft, während Aschenputtel den Prinzen bekommt. Das Leben ist zwar kein Märchen, aber wir wissen alle, dass Teamfähigkeit sich etwa im Sport oder später im Beruf auszahlt.

Miteinander reden und nachdenken

Im Team muss man nicht nur etwas zusammen machen, sondern auch als Team denken. Ziel der folgenden Übungen ist es, Kindern beim Ausdrücken ihrer Gedanken zu helfen, damit das Familien-Team weiß, was jeder Einzelne meint und auf welcher »Wellenlänge« er sich befindet.

Was denkst du darüber? (7–9 Jahre)

Ein Kind braucht Übung darin herauszufinden, was andere denken. Machen Sie in Ihrer Familie eine Umfrage zum Thema Haushaltsprodukte.

Dafür brauchen Sie Papier und Schreibzeug.

Bitten Sie Ihr Kind, die ganze Familie zu einem Produkt zu befragen, das Sie im Haushalt verwenden, etwa eine bestimmte Zahnpasta oder Seife. Sollten wir dabei bleiben? Wenn ja, warum? Wenn nein, warum nicht? Was könnten wir als Alternative verwenden?

Nachdem Ihr Kind alle befragt hat, soll es das Ergebnis bekannt geben. Mag die Familie dieses Produkt? Welche Verbesserungsvorschläge wurden gemacht? Unterhalten Sie sich beim gemeinsamen Abendessen darüber.

Was wollen wir sehen? (8–12 Jahre)

Bei dieser Übung trainieren Kinder das Fragen und Antworten, und zwar zu einem Thema, zu dem jedes Familienmitglied eine Meinung hat: Fernsehen.

Sie benötigen dafür Papier und Bleistift.

Wählen Sie mit Ihren Kindern zwei oder drei Erwachsene

aus, die sie über ihre Fernsehgewohnheiten interviewen wollen – zum Beispiel ein Elternteil oder eine Nachbarin.

Überlegen Sie sich gemeinsam drei Fragen. Ihre Kinder sollten sie aufschreiben und dabei auch Platz für die Antworten lassen. Beispiel: »Schaust du täglich fern?« – »Wie lange?« – »Hast du Lieblingssendungen?« – »Was kann man am Fernsehprogramm verbessern?«

Besprechen Sie die Antworten, die Ihre Kinder bekommen. Überlegen Sie, was Sie als Team tun können, damit alle weniger fernsehen.

Was meinst du? (10–12 Jahre)

Kinder haben ihre eigene Meinung, und das ist nicht immer die ihrer Eltern. Diese Übung soll Kindern helfen, einen Standpunkt von beiden Seiten aus zu betrachten.

Suchen Sie sich ein Thema aus, das in Ihrer Familie immer wieder für Streit sorgt. Zum Beispiel: Wann werden die Hausaufgaben gemacht? Wie lange darf ein Teenager aushäusig sein? Welche Fernsehsendungen sind für wen geeignet?

Fragen Sie Ihr Kind nach seinem Standpunkt zu einer bestimmten Frage, etwa dem rechten Zeitpunkt, ins Bett zu gehen. Die Meinung Ihres Kindes könnte dazu sein: »Eine bestimmte Schlafenszeit festzulegen, ist blöd. Kinder sollten ins Bett gehen dürfen, wann sie wollen.« Lassen Sie Ihr Kind mindestens zwei Argumente für seinen Standpunkt nennen und hören Sie genau hin.

Jetzt soll Ihr Kind zwei Argumente für die gegenteilige Meinung aufzählen, zum Beispiel: »Kinder brauchen ihren Schlaf, um sich in der Schule konzentrieren zu können.« Pro und Contra gegeneinander abzuwägen, ist eine großartige Möglichkeit, Kindern beizubringen, erst Alternativen zu bedenken, bevor sie eine Entscheidung treffen.

154

Während Ihr Kind nach Argumenten dafür und dagegen sucht, tun Sie das Gleiche. Machen auch Sie Ihren Standpunkt deutlich. Sprechen Sie über Ihre unterschiedlichen Auffassungen. Haben Sie beide gute Argumente? Sollten vielleicht irgendwelche Regeln geändert werden?

Tatsächlich erweisen sich Kinder als sehr vernünftige Mitspieler im Team, wenn man ihnen die Möglichkeit gibt, die Regeln innerhalb der Familie mitzubestimmen.

Wie viel Geld wofür?

Geld ist ein probates Mittel, um Teamwork zu lernen. Jede Familie sollte sich gemeinsam überlegen, wie man es am besten einteilt und wofür man es ausgibt. Hierzu drei Übungen.

Weniger ist mehr (jedes Alter)

Diese Übung soll Kinder anregen, der Familie als Team beim Sparen von Strom, Wasser u. Ä. zu helfen. Denn manchmal verschwenden Kinder Strom und Wasser ohne überhaupt zu wissen, dass diese Dinge Geld kosten. Deshalb brauchen Sie für diese Übung eine Rechnung Ihres Elektrizitäts- und Wasserwerks.

Machen Sie gemeinsam einen »Elektrizitätsrundgang« durch Ihre Wohnung. Kontrollieren Sie, welche Lampen brennen, ob Radio, Computer oder Fernseher angeschaltet sind. Besprechen Sie Möglichkeiten, Strom zu sparen, zum Beispiel indem man Energiesparlampen verwendet, Geräte nicht auf Stand-by laufen lässt und nachts die Heizungen herunterdreht.

Danach veranstalten Sie einen »Wasserrundgang«. Zählen Sie alle Tätigkeiten auf, bei denen Sie Wasser verwenden: Abwaschen, Baden, Duschen, Kochen. Überlegen Sie sich dann Methoden zum Wassersparen.

Spätestens bei der nächsten Rechnung werden Sie sehen, ob Ihre Sparmaßnahmen erfolgreich waren.

Was kostet wie viel? (10–12 Jahre)

Mit dieser Aufgabe lernen Kinder, die familiären Ausgaben einzuschätzen und unnötige Kosten zu vermeiden.

Überlegen Sie sich übungshalber eine Anschaffung, die die Familie braucht oder gerne möchte, und erkundigen Sie sich nach dem Preis. Nehmen Sie dann mal an, jedes Familienmitglied würde sich zu gleichen Teilen an dieser Anschaffung beteiligen. Beispiel: Die Familie kauft eine neue CD, die 30 DM kostet. Wie viel muss jeder zahlen?

Anschließend denkt jeder über seine eigenen täglichen Ausgaben nach, beispielsweise die Kosten für das Mittagessen oder die tägliche Busfahrt ins Büro. Rechnen Sie aus, wie viel Sie pro Woche dafür ausgeben. Gibt es Möglichkeiten hier zu sparen?

Oder planen Sie gemeinsam mit Ihren Kindern die nächste Urlaubsreise, und rechnen Sie aus, was sie kosten würde. Welchen Urlaub kann sich die Familie leisten?

Aus der Praxis:
»Unser Sohn hilft gelegentlich in einem Supermarkt aus. Dabei hat er viel übers Geldverdienen, Ausgeben und Sparen gelernt. Jetzt hat er Verständnis dafür, dass wir uns manche Extras nicht leisten können. Er ist auch bereit, selbst etwas beizusteuern, etwa zu seiner Kleidung.«

Diese Übung soll Kindern beibringen, Preise zu vergleichen, wenn sie etwas Bestimmtes kaufen wollen.

Sie benötigen dafür eine Zeitung mit Annoncen des jeweiligen Produkts.

Nun sollen Ihre Kinder überlegen, was sie sich gerne kaufen möchten, zum Beispiel ein Fahrrad oder einen Discman. Suchen Sie gemeinsam nach Annoncen oder Kleinanzeigen, in denen das Produkt angeboten wird. Sprechen Sie darüber und beraten Sie als Familie den »Käufer«, welches Produkt für ihn das beste sein könnte.

Vergleichen Sie auch die Preise von Häusern oder Autos – für Ihre Kinder eine Gelegenheit, auch einmal über größere Summen nachzudenken. Oder gehen Sie einmal zu einer Versteigerung oder Hausauflösung.

So lehrt man Teamgeist:
Erfahrungen mit unseren Kindern teilen
Als ich einmal den Chef einer großen PR-Firma danach fragte, worauf man in seinem Haus bei Bewerbungen und Beförderungen achte, antwortete dieser ohne Zögern: »Leute, die mit anderen Leuten zusammenarbeiten können. Wir brauchen Menschen, auf die wir uns verlassen können, die loyal und teamfähig sind.« Mehr denn je zählen im Berufsleben Teamgeist und die Fähigkeit, mit anderen Menschen umzugehen.

Auch auf den Sportseiten und im Wirtschaftsteil der Zeitungen wird viel über Teamgeist als Schlüssel zum Erfolg geschrieben.

Kinder wissen, was es bedeutet, einer Sportmannschaft anzugehören, aber sie haben oft keine Ahnung, was es heißt, innerhalb der Familie oder im Beruf ein Team zu sein. Darum ist es wichtig, dass Sie ihnen von Ihren Erfahrungen mit Teams erzählen. Bestimmt erinnern Sie sich an Momente, in denen Sie und Ihre Kollegen sich wie eine erfolgreiche Olympiastaffel fühlten. Oder in denen Sie im Verbund mit anderen einen Sieg errangen, sei es beim Sport, bei einem gemeinsamen nachbarschaftlichen oder sozialen Anliegen.

Ein Gespräch in Gang bringen:
Umzug
Bei einem Gespräch über Teamarbeit ist es hilfreich, ein spezielles Problem herauszugreifen. Wenn Sie beispielsweise einen Umzug hinter sich haben, weiß Ihre Familie aus eigener Erfahrung, wie wichtig Teamgeist ist. Denn einen ganzen Haushalt von einem Ort zum anderen zu schaffen, ist um einiges leichter, wenn jeder mit anpackt. Falls Ihnen ein Umzug bevorsteht, ist jetzt genau der richtige Augenblick zu überlegen, was jeder tun könnte, damit die Sache läuft.

Zum Wesentlichen kommen
Im Gespräch können Sie von speziellen Beispielen auch zu allgemeineren Fragen kommen:
- Wann arbeiten wir gern mit anderen zusammen?
- Wann wollen und müssen wir allein arbeiten?
- Welche Aufgaben zu Hause erledigen wir im Team?
- Welche Arbeiten im Haushalt sollten zur Teamarbeit gemacht werden?

Gesunder Menschenverstand

Sich ein eigenes Urteil bilden

Unsere Kinder sollen den Zusammenhang zwischen Ursache und Wirkung begreifen, das heißt auch begreifen, dass ihre Aussagen eine gewisse Wirkung auf andere haben. Und sie sollen vernünftig mit Zeit und Geld umgehen.

Neben diesen grundsätzlichen Dingen möchten wir außerdem, dass sie sich im Auto anschnallen und der Versuchung widerstehen, den ganzen Tag vor dem Fernseher zu hängen.

Dieses Kapitel bietet praktische Übungen, die Kindern helfen sollen, gesunden Menschenverstand zu entwickeln. Das ist ein langwieriger Prozess. Wenn Eltern also entsetzt ausrufen: »Wo, um Himmels willen, bleibt dein gesunder Menschenverstand?«, wäre die ehrlichste Antwort eines Kindes: »Er entsteht gerade.«

Gesunder Menschenverstand ist nämlich nicht angeboren. Er entwickelt sich durch Übung und Erfahrung.

Daraus ergibt sich die Frage, ob wir unseren Kindern gesunden Menschenverstand überhaupt beibringen können – oder wenigstens ein paar Grundsätze –, damit sie nicht alles am eigenen Leib, durch Versuch und Irrtum erfahren müssen? Ich denke schon.

Im Unterschied zum Schulstoff gibt es allerdings hierfür keinen Lehrplan. Man kann sich also nur Bereiche überlegen, in denen man gesunden Menschenverstand braucht. Genau das habe ich für dieses Kapitel getan, und zwar mit Aktivitäten in ganz verschiedenen Bereichen, in denen man nach allgemeiner Einschätzung gesunden Menschenverstand braucht.

Informationen sammeln

Wenn Sie gesunden Menschenverstand besitzen, dann sind Sie bereit, mehr als einen Standpunkt einzunehmen – Sie haben gewissermaßen den »Durchblick«.

Um diesen zu erlangen, müssen Kinder lernen, wie man Informationen sammelt, und zwar nicht nur aus Schulbüchern. Wissen hilft ihnen, Entscheidungen zu fällen und vorschnelle Schlüsse – auch wenn sie noch so verlockend erscheinen – zu vermeiden. In diesem Abschnitt geht es um das Zusammentragen von Informationen, insbesondere von und über Menschen.

Die Übungen wirken, als seien sie der reine Spaß, und sie sollen auch Vergnügen bereiten, aber nicht nur das – sie tragen auch dazu bei, die angeborenen Fähigkeiten zum Wissenserwerb zu verstärken.

Das wachsame Auge (4–9 Jahre)

Bitten Sie Ihre Kinder, sich im Zimmer umzuschauen und alles beim Namen zu nennen, was sie sehen. Das schärft ihre Beobachtungsgabe. Wenn sie zunächst nur wenige Dinge aufzählen, dann haken Sie nach und fordern Sie sie auf, vom Fußboden bis zur Decke auf wirklich alles zu achten.

Legen Sie verschiedene Gegenstände auf einen Tisch. Nun bitten Sie Ihre Kinder, sich die Sachen genau anzusehen, einzuprägen und dann die Augen zu schließen. Nehmen Sie dann rasch ein oder zwei Dinge weg. Anschließend sollen die Kinder die fehlenden Dinge benennen. Dann werden die Rollen getauscht, und Sie müssen die Augen schließen, während Ihre Kinder etwas fortnehmen.

Ermuntern Sie Ihre Kinder, sich auf dem Schulweg alles

ganz genau anzusehen, um Dinge zu entdecken, die ihnen bisher noch nie aufgefallen sind, wie zum Beispiel ein Baumstumpf oder ein Stoppschild.

Es ist wichtig, mit offenen Augen durch die Welt zu gehen. Ein allein erziehender Vater aus einem meiner Seminare äußerte einmal dazu: »Früher habe ich im Beruf auf jede Kleinigkeit und in meiner Partnerschaft auf nichts geachtet.« Auf die gegenseitige Beachtung kommen wir im Laufe dieses Kapitels noch zu sprechen.

> Aus der Praxis:
> »Ich war sehr überrascht, dass meine Tochter die Namen von vielen Gegenständen in unserem Haus nicht kannte. Das gemeinsame Benennen machte noch mehr Spaß, als unsere Kleinen auch mitspielen wollten.«

Das Gedächtnis befragen (4–9 Jahre)

Folgende Fragen animieren Ihre Kinder, zum Sammeln von Informationen ihr Gedächtnis anzustrengen:

Geht die Tür deines Zimmers nach innen oder außen auf?

Ziehst du morgens zuerst den linken oder den rechten Socken an?

Wer ist der langsamste Esser in der Familie?

Was hast du heute zum Frühstück gegessen? Und was gestern Abend? An wie viele zurückliegende Mahlzeiten erinnerst du dich?

Dann soll Ihr Kind sich ähnliche Fragen für Sie ausdenken. Wahrscheinlich fällt es Ihnen bedeutend schwerer, darauf zu antworten.

Maße und Gewichte raten (4–9 Jahre)

Raten – oder, gestelzt formuliert, Hypothesen aufstellen – kann jeder. Die besten Ergebnisse erzielt man dabei, wenn man sich auf so viele Informationen wie möglich stützen kann.

Für diese Übung brauchen Sie einen Zollstock und eine Waage.

Stellen Sie einander Fragen und versuchen Sie, die Antworten zu erraten: Wie lang und wie breit ist dieses Zimmer? Wie lang ist unsere Einfahrt? Wie groß ist das kleinste Familienmitglied? Dann nehmen Sie den Zollstock zur Hand und messen gemeinsam nach.

Als Nächstes stellen Sie Vermutungen über das Gewicht verschiedener Dinge an. Wie schwer ist ein Gameboy? Ein Buch? Mama? Der große Bruder? Stellen Sie alle(s) auf die Waage und finden Sie es heraus.

Diese Übungen helfen Kindern, in Zukunft auf der Basis dessen, was sie wissen, besser zu schätzen.

Überprüfen (7–12 Jahre)

Sich noch einmal zu vergewissern ist eine Sache des gesunden Menschenverstands, und das lässt sich auf einfache Weise mithilfe von Fragen einüben.

Haben wir zum Beispiel kontrolliert, ob ...

... genügend Benzin im Tank ist, bevor wir zu einem Ausflug aufbrechen?

... die Eier, die wir im Laden gekauft haben, nicht angeknackst sind?

... die Nähte an einem Kleid, das wir kaufen wollen, gerade sind?

... keine Autos kommen, wenn wir über die Straße gehen wollen, selbst wenn die Fußgängerampel grün ist?

Man kann Kinder an solche Kontrollmaßnahmen gewöhnen. Und trotz der vielen ohnehin schon eingebauten Kontrollen wird es immer noch genügend Überraschungen geben. Ein paar alltägliche von der unangenehmen Sorte lassen sich so aber vielleicht vermeiden.

Um Kinder zu Aufmerksamkeit anzuspornen, machen Sie folgendes Experiment. Zeigen Sie ihnen die schöne Seite eines wurmigen Apfels. Wenn sie die Frage »Möchtest du diesen Apfel ganz aufessen?« bejahen, zeigen Sie ihnen die andere Seite. Das führt ihnen einprägsam vor Augen, dass es besser ist, eine Sache von allen Seiten zu betrachten.

Anhaltspunkte nutzen (4–8 Jahre)

Dies ist eine einfache Übung, die Kinder daran gewöhnen soll, Anhaltspunkte zu nutzen, also auf kleine, aber wichtige Details zu achten. Auf diese Fähigkeit kommt es beim Lesen, Rechnen und in den naturwissenschaftlichen Fächern an, und sie beruht im Grunde nur auf gesundem Menschenverstand. Sie können diese Fähigkeit jederzeit und überall trainieren.

Ihr Kind hat die Aufgabe, einen Gegenstand, an den Sie denken, zu erraten, während Sie ihm Hinweise dazu liefern. Fangen Sie beispielsweise so an: »Ich denke an etwas, das sich in diesem Raum befindet.« Dann geben Sie weitere Hinweise, aber immer nur einen auf einmal. Sagen Sie etwas über die Größe, die Farbe oder den Nutzen des Gegenstands. Beispiel: Wenn Sie an einen Teller denken, erklären Sie: »Es hat die Größe eines Pfannkuchens«. Dann: »Es ist blau und weiß.« Und schließlich: »Man isst davon.« Nach jedem Hinweis kann Ihr Kind versuchen, das Objekt zu erraten. Gegebenenfalls formulieren Sie Ihre Hinweise konkreter.

Dann werden die Rollen getauscht, und Ihr Kind nimmt sich in Gedanken einen Gegenstand vor. Erklären Sie ihm, dass es zu den Spielregeln gehört, den anderen nicht an der Nase herumzuführen, sondern gerade genug Hinweise zu geben, dass der andere das Objekt erraten kann.

Wenn Sie das Spiel schwieriger machen wollen, dann beschreiben Sie einen Gegenstand, der sich in einem anderen Raum befindet. Während Ihr Kind versucht zu erraten, worum es sich handelt, kann es immer wieder in das betreffende Zimmer gehen, um nachzusehen, ob Ihre Hinweise stimmen. Danach werden auch hier wieder die Rollen getauscht.

Fragestunde (9–12 Jahre)

Die »Fragestunde« verschafft Kindern Übung und Sicherheit, wenn sie im Alltag Informationen von anderen Leuten bekommen wollen.

Ihre Kinder erhalten die Aufgabe, Eltern, Verwandte und Nachbarn zu ihren Berufen zu befragen. Wann haben sie sich dafür entschieden? Macht ihnen ihre Arbeit Spaß?

Reden Sie mit Ihren Kindern darüber, wie sich Berufsbilder in den letzten Jahren gewandelt haben. Welche Berufe haben ihre Großeltern und Urgroßeltern ausgeübt? Wo haben sie gelebt? Sind die Unterschiede zu heute wirklich so gewaltig?

Im Lauf seiner Entwicklung ändert sich die Fähigkeit eines Kindes, Informationen zu sammeln und auszuwerten. Ältere Kindern können schon ein längeres Informationsgespräch mit jemand anderem führen und dieses durch Fragen in Gang halten. Wenn jüngere Kinder dazu in der Lage sind, ist das ein Zeichen von Reife.

Gesunder Menschenverstand im Umgang mit anderen

Mit anderen Menschen umgehen zu können, setzt Interesse für andere voraus, aber auch, Dinge vom Standpunkt anderer aus zu betrachten, sich so gut wie möglich in andere hineinzuversetzen.

Um Kindern diese Fähigkeit zu vermitteln, folgen hier Szenen und eine Auswahl an möglichen Reaktionen darauf. Eine der drei Antworten entspricht gesundem Menschenverstand.

Wie sollte man reagieren? (6–8 Jahre)

Lesen Sie die folgenden Szenen Ihrem Kind laut vor. Überlegen Sie sich, bevor Sie auf die Antworten schauen, wie Sie reagieren würden. Dann lassen Sie Ihr Kind seine Wahl treffen und auch begründen.

Das Zeugnis

Anne war immer eine gute Schülerin. In der Grundschule hatte sie nur Einsen und Zweien. Im ersten Zeugnis der fünften Klasse stehen drei Dreier. Als ihr Vater das sieht, liegt ihm auf der Zunge zu sagen: »Wie konnte dir das denn passieren?« Was, glaubst du, sagt er stattdessen und warum?

- »Wann wirst du dich an die neue Schule gewöhnt haben?«
- »Deine Schwester hat nie auch nur eine einzige Drei nach Hause gebracht.«
- »Der Wechsel in eine neue Schule ist schwer. Bald wirst du die Lehrer und deine Mitschüler besser kennen, dann wird es einfacher werden.«

Der Küchenboden

Der achtjährige Tom geht in die Küche, um sich etwas zu trinken zu holen. Der Boden ist noch feucht, weil seine Mutter ihn gerade gewischt hat. Mit der Saftflasche in der Hand rutscht Tom aus, und der klebrige Saft verteilt sich über den ganzen Küchenboden. Seine Mutter kommt und möchte am liebsten schreien. Was meinst du, wird sie stattdessen sagen, und warum?

- »Warum bist du nur so ein Tollpatsch?«
- »Na schön, solche Dinge passieren nun mal. Ich helfe dir beim Saubermachen.«
- »Immer machst du solche Sachen!«

Der Nachbarsjunge

Lea ist zwar erst neun, aber sie mag Michael, den Jungen von gegenüber, wahnsinnig gern. Als Michael mit seiner Familie für ein Jahr nach Südamerika geht, streicht Lea in einem Kalender jeden Tag bis zu seiner Rückkehr aus. Sie erzählt auch ihrer Freundin Maja davon. Endlich kommt der große Tag. Michael und Lea begrüßen sich schüchtern, und Maja ist auch dabei. Was, meinst du, sagt sie?

- Nichts.
- »Lea hat dich ganz schön vermisst!«
- »Lea hat die Tage gezählt, bis du wieder zurückkommst.«

Die verregnete Geburtstagsparty

Isabel hat sich seit Wochen auf das Picknick zu ihrem Geburtstag gefreut. Doch mit ihrem Geburtstag kommt ein Dauerregen, so dass das Picknick ins Wasser fallen wird. Isabels fünfzehnjähriger Bruder Max, der geholfen hat, die Geburtstagsparty vorzubereiten, weckt sie. Was sagt er wohl zu ihr?

- »Warum passiert uns immer so was?«
- »Mach dir keine Sorgen. Wir werden es uns drinnen gemütlich machen.«
- »Ich werde dir nie wieder bei einer Party helfen.«

Das Radrennen

David will am Radrennen seines Sportvereins teilnehmen und hat monatelang mit seinem Vater trainiert. Gleich nach dem Start fährt er über einen Stein und stürzt. Als David sein Rad aufhebt, sieht er, dass die Felge verbogen ist. Sein Vater kommt zu ihm. Wie reagiert er deiner Meinung nach?

- »Mit dem richtigen Werkzeug kriegen wir das wieder hin, dann kannst du es nächstes Jahr noch mal probieren.«
- »Dann können wir jetzt wohl nach Hause gehen.«
- »Warum hast du das gemacht?«

Auflösung

Szene	Antwort
Das Zeugnis	3
Der Küchenboden	2
Der Nachbarsjunge	1
Die verregnete Geburtstagsparty	2
Das Radrennen	1

Wenn Kinder erleben, dass ihre Eltern bei Missgeschicken oder anderen Widrigkeiten positiv reagieren, hilft ihnen das, solche Reaktionen selbst einzuüben. Dafür kann es nie zu früh sein.

Sprechen Sie mit Ihrem Kind ganz allgemein darüber, warum man etwas Bestimmtes sagt. Erklären Sie ihm in möglichst einfachen Worten, was Schutzbehauptungen sind und wie sich verdeckte Feindseligkeit in dem, was andere (Kinder) sagen, äußert.

Gesunder Menschenverstand im Umgang mit Zeit

Mit Zeit haben wir alle ein Problem, oder? Entweder wissen wir nichts mit uns anzufangen – und dann haben wir zu viel Zeit – oder wir können uns nicht entscheiden, was wir zuerst tun sollen – dann rennt uns die Zeit buchstäblich davon. Kindern ergeht es nicht anders. Sie sagen entweder: »Mir ist so langweilig. Ich weiß nicht, was ich machen soll.« Oder: »Ach, ich habe einfach keine Zeit dafür.« Letzteres vor allem, wenn sie im Haushalt helfen sollen. Bei den folgenden Übungen geht es darum zu lernen, wie man sich seine Zeit vernünftig einteilt.

Wie viel Zeit wofür? (jedes Alter)

Unterhalten Sie sich zunächst mit Ihren Kindern darüber, wie Ihre Familie ihre Zeit verbringt. Zum Beispiel: Wie lange sitzen wir vor dem Fernseher? Wie viel Zeit verbringen wir mit Schlafen? Wie viel Zeit beansprucht der Haushalt? Wie viel Zeit verwenden wir für Hausaufgaben, unsere Freunde oder Telefonate?

Schätzen Sie die Zeiten jeweils ein. Stützen Sie sich dabei auf die Zeiteinteilung des gestrigen Tages oder der letzten Woche. Tragen Sie die geschätzten Zeiten in eine Tabelle mit den Namen aller Familienmitglieder ein.

Diese Übung soll Kinder dazu bringen, über ihren Umgang mit Zeit nachzudenken, ohne diesen zu bewerten. Beim nächsten Mal können Sie die Zeiten tatsächlich stoppen, mit Ihren Schätzungen vergleichen und dann darüber urteilen.

Aus der Praxis:
»Die Übung hat mir geholfen, meinen Tagesablauf zu strukturieren. Ich habe einen drei Monate alten Sohn und eine Tochter, die in den Kindergarten geht. Vorher hatte ich für meine Große, wenn sie nachmittags nach Hause kam, immer zu wenig Zeit. Inzwischen reservieren wir uns jeden Tag eine bestimmte Zeit, die wir zu zweit verbringen. Sie freut sich immer schon darauf und ich mich auch.«

Wie die Zeit vergeht (jedes Alter)

Das Verrinnen von Zeit nehmen wir sehr unterschiedlich wahr, aber Zeit kann man messen. Wir wollen uns einmal anschauen, wie wir unsere Zeit eigentlich verbringen. Dafür beobachten Sie und Ihr Kind einen Tag lang, was Sie mit Ihrer Zeit so anfangen.

Sie brauchen dafür eine Uhr, für jeden einen Bogen Karton, ein Lineal und Farbstifte.

Zeichnen Sie auf jeden Karton einen großen Kreis. Dann wird der Kreis mit dem Lineal in 24 gleich große Segmente unterteilt. Entscheiden Sie sich für irgendeinen Tag, am besten einen Wochentag. Schraffieren Sie als Erstes die Stunden, in denen Sie schlafen, in einer bestimmten Farbe. Verfahren Sie entsprechend mit der Zeit, die Sie am Arbeitsplatz, im Kindergarten bzw. in der Schule verbringen. Was ist jetzt noch übrig? Zeit für sich selbst oder mit Freunden? Zeit, in der Sie unterwegs sind? Was ist mit den Hausaufgaben und der Hausarbeit? Wie lange sitzen Sie vor dem Fernseher? Wie viel Zeit beansprucht das Essen? Bleibt Ihnen noch Zeit für Hobbys?

Vergleichen Sie am Ende Ihre Zeitscheiben miteinander. Das sorgt bestimmt für eine Menge Gesprächsstoff.

Mein Wunschzeitplan (jedes Alter)

Hierfür brauchen Sie die Zeitkreise aus der vorhergehenden Übung.

Was würden Sie an Ihrer Zeiteinteilung ändern, wenn Sie könnten? Wie sähe ein idealer Tag aus? Würden Sie lieber länger schlafen oder weniger unterwegs sein? Möchten Sie weniger Zeit fürs Essen und mehr für Ihre Hobbys verwenden? Würden Sie Ihre freie Zeit eher allein oder mit anderen Menschen verbringen? Besprechen Sie Ihre Wünsche und überlegen Sie, welche kleinen Veränderungen möglich sind, um sich Ihrem Ideal anzunähern.

Mein Zeitplan (7–12 Jahre)

Für diese Übung in Zeitplanung brauchen Sie Papier und Bleistift.

Bitten Sie Ihr Kind, einen ganzen Tag zu verplanen und dabei die Dauer jeder einzelnen Beschäftigung zu schätzen. Samstag ist ein guter Tag, um das auszuprobieren. Halten Sie diesen Zeitplan schriftlich fest. Beispiel:

8   Uhr aufstehen
8.30   Uhr Frühstück
9   Uhr Fußball spielen
12   Uhr Mittag essen
…

Bei jeder neuen Beschäftigung schreibt Ihr Kind die Anfangszeit neben seine Schätzung. So lernt es langsam, sich seine Zeit einzuteilen. Das ist besonders später hilfreich für den Umgang mit längerfristigen Terminen, etwa der Abgabe einer Hausarbeit.

Jeder Mensch braucht Zeit, um mal den Wolken zuzusehen, ein Schaumbad zu nehmen, ein unterhaltsames Buch zu lesen, mit der Katze zu spielen, mit anderen zusammen zu sitzen oder einfach nur die Seele baumeln zu lassen.

Die Übungen zum vernünftigen Umgang mit Zeit machen uns nicht nur bewusster, wie wir unseren Tag verbringen, sondern helfen uns auch, Zeit zu sparen, die wir dann in den unverplanten Stunden wunderbar genießen können.

Gesunder Menschenverstand im Umgang mit Geld

Geld ist nicht alles, aber häufig ein Problem. Deshalb ist es wichtig, dass Kinder Erfahrungen im Umgang mit Geld machen und auch in diesem Bereich gesunden Menschenverstand entwickeln.

Der Umgang mit Geld ist eine ernste Angelegenheit, aber er lässt sich auf einfache, spielerische Weise lernen.

Für eine Mark (ab 6 Jahren)

Bei dieser Übung sollen Kinder mithilfe von Zeitungswerbung herausfinden, was man für eine Mark kaufen kann, und lernen, wie viele Ein-, Zwei-, Fünf-, Zehn- oder Fünfzigpfennigstücke einer Mark entsprechen.

Sie brauchen dafür Sonderangebotsanzeigen, eine Schere, Klebstoff, Papier und Münzen der genannten Werte.

Lassen Sie Ihr Kind die Anzeigen nach Artikeln durchsuchen, die eine Mark oder weniger kosten. Diese werden ausgeschnitten und einzeln auf Papier geklebt.

Um Ihrem Kind den Wert der verschiedenen Münzen zu erklären, sortieren Sie zunächst gemeinsam Pfennige, Zehnpfennigstücke usw. in die Fächer eines Eiswürfelbehälters oder eines Eierkartons. Dann geben Sie Ihrem Kind ein Zehnpfennigstück und lassen es sich von ihm in Pfennige, Zweipfennigstücke und ein Fünfpfennigstück wechseln. Probieren Sie dasselbe mit größeren Münzen aus.

Preise erraten (7–9 Jahre)

Mit dieser Übung sollen Kinder eine genauere Vorstellung von den Lebenshaltungskosten bekommen.

Sie brauchen dafür ein paar Kassenzettel oder einfache Rechnungen sowie Papier und Schreibzeug.

Nehmen Sie sich ein paar Rechnungen vor und notieren Sie auf einem Blatt Papier links die dafür erhaltene Ware oder Leistung und rechts den jeweiligen Preis. Dann knicken Sie das Blatt so, dass die Preise verdeckt sind. Jetzt darf Ihr Kind raten, wie teuer jeder der aufgelisteten Posten ist. Schreiben Sie die geratenen Beträge neben die jeweiligen Posten und vergleichen Sie sie am Ende mit den tatsächlichen Kosten. Dabei wird es bestimmt einige Überraschungen geben.

Sprechen Sie auch darüber, wie die Preise gestiegen sind, seit Sie selbst ein Kind waren. Ein Beispiel: »Ich kann mich erinnern, dass eine Kugel Eis damals nur zehn Pfennig gekostet hat.« Oder: »Als ich ein Kind war, kostete eine Kinokarte fünf Mark.« Erzählen Sie, worauf Sie als Kind gespart haben und wie. Wie hoch war damals Ihr Taschengeld?

Klamottenkauf (10–12 Jahre)

Schon manche Zehn- bis Zwölfjährige reden beim Kleiderkauf ein Wörtchen mit – oder würden ihn am liebsten gleich selbst übernehmen. Deshalb sollten sie auch wissen, wie man dabei sparen kann.

Für diese Übung brauchen Sie Modekataloge, entsprechende Anzeigen aus der Zeitung, Papier und Schreibzeug.

Stellen Sie sich vor, jeder von Ihnen hätte 500 Mark, um sie für Kleidung auszugeben, und absolut nichts anzuziehen. Stellen Sie gemeinsam eine komplette Garderobe, von der Unterhose bis zum Anorak, zusammen. Nutzen Sie dazu Angebote aus der Zeitung und aus Katalogen. Vergleichen Sie »Schnäppchen«. Wie gut ist Ihnen das Einkleiden gelungen?

Sprechen Sie über die Vorteile des Schlussverkaufs beim Kleiderkauf. Dann überlegt sich jedes Kind ein Kleidungsstück, das es gerne haben möchte. Lassen Sie Ihre Kinder einen Sparplan ausarbeiten, damit sie das Geld beisammen haben, wenn das Angebot aktuell ist.

Stellen Sie mit jedem Kind ein Budget für Kleidung auf. Darin werden alle monatlichen Einkünfte, vom Taschengeld über Geldgeschenke bis hin zum Lohn für kleine Jobs berücksichtigt. Rechnen Sie gemeinsam aus, wann Ihr Kind in der Lage sein wird, sich seinen bestimmten Kleiderwunsch zu erfüllen. Erinnern Sie es daran, auch Ausgaben für andere Dinge zu berücksichtigen.

Sparen und ein eigenes Konto (10–12 Jahre)

Diese Übung will Kindern zeigen, wie man ein eigenes Konto eröffnet und führt, sowie Tipps zum Sparen liefern.

Sie brauchen dafür Papier, Schreibzeug und am besten auch ein wenig Geld, um es auf das Sparkonto einzuzahlen.

Erkundigen Sie sich bei verschiedenen Banken über deren Konditionen und Service. Studieren Sie gemeinsam die Informationsbroschüren und vergleichen Sie. Wer bietet die höchsten Zinsen? Wo fallen keine Gebühren an? Dann soll Ihr Kind entscheiden, auf welcher Bank es sein Konto eröffnen möchte. Lassen Sie es am Schalter die Fragen des Bankangestellten beantworten und die Formulare ausfüllen. Bitten Sie darum, dass Kontoauszüge oder Bankinformationen an Ihr Kind oder an Sie beide adressiert werden. Denn es ist wichtig, dass es die Auszüge selbst liest und kontrolliert.

Wenn Ihr Kind eine besondere Anschaffung tätigen möchte, arbeiten Sie mit ihm gemeinsam einen Sparplan aus. Sie könnten eine Beteiligung vereinbaren, bei der Sie auf jede Mark, die Ihr Kind spart, selbst eine drauflegen.

Helfen Sie Ihrem Kind auch dabei, sich ein regelmäßiges Sparziel zu setzen. Wie viel Geld möchte es pro Woche oder Monat auf sein Konto einzahlen? Gibt es regelmäßige Ausgaben? Klären Sie, welche regelmäßig anfallenden Kosten Ihr Kind von seinem Ersparten bestreiten muss.

So lehrt man gesunden Menschenverstand:
Erfahrungen mit unseren Kindern teilen
»Ich muss diese Schuhe einfach haben. Ich kann ohne sie nicht leben.« So reden Kinder manchmal. Die wunderbaren Schuhe kosten sicher mindestens 150 DM, und sie haben zu wollen, ist nicht unbedingt ein Zeichen von gesundem Menschenverstand.

Wie aber können Sie den Ihrem Kind in puncto Schuhkauf vermitteln?

Der Gruppenzwang, dem Kinder heutzutage ausgesetzt sind, ist enorm. Wie sollen sie da widerstehen? Dennoch kann ein teurer Geschmack Ihres Kindes das Familienbudget deutlich schrumpfen lassen. Die einzige Lösung besteht also darin, mit ihm zu reden. Und zwar über die finanziellen Zwänge, welchen Sie bisweilen ausgesetzt sind.

Ein Gespräch in Gang bringen:
Eltern unter Druck
Erzählen Sie Ihrem Kind von dem Druck, unter dem Sie als Erwachsener gelegentlich stehen. Und dass Sie sich manchmal genötigt fühlen, etwas zu kaufen. Was, wenn der Wunsch Ihres Kindes unvernünftig ist? Wie können Sie dagegenhalten? Wann geben Sie nach? Welchen Rat hat Ihr Kind für Sie? Gibt es Parallelen zwischen den Zwängen, in denen Ihr Kind sich befindet, und dem Druck, dem sie selbst ausgesetzt sind? Ermuntern Sie Ihr Kind, Ihnen etwas davon zu erzählen, so wie Sie es getan haben.

Zum Wesentlichen kommen
Kleinere Kinder können wahrscheinlich mit dem Begriff »Druck« noch nicht viel anfangen, aber auch sie sind bereits dem Gruppendruck ihrer Altersgenossen ausgesetzt. Die folgenden Fragen schärfen das Bewusstsein Ihrer Kinder für Gruppenzwänge:

- Wer macht die Mode? Wer sagt uns, was wir kaufen sollen?
- Sind die Werbeversprechen in der Zeitung, im Radio und im Fernsehen immer wahr?
- Kennen wir jemanden, der ein Markenprodukt gekauft hat und damit nicht zufrieden war?
- Haben wir einmal nicht getan, was alle anderen taten, und es war trotzdem in Ordnung?

Probleme lösen

Anwenden, was man weiß und kann

Sagen Ihre Kinder oft »ich kann nicht« statt »ich kann«? Kinder sind nun mal nicht die geborenen Problemlöser. Das müssen sie erst lernen. Dass sie sich mitten in diesem Lernprozess befinden, merkt man an folgenden Fähigkeiten:

wissen, wie man Fragen stellt und welche; ein Problem als solches erkennen und sich ihm stellen; Ideen haben, die zur Lösung des Problems führen könnten; eine vernünftige Entscheidung treffen.

Die Übungen dieses Kapitels sollen die Fähigkeit zu problemlösendem Denken fördern und helfen, dieses auch in die Tat umzusetzen.

Aus der Praxis:
»Irgendwann habe ich gemerkt, dass es viele Möglichkeiten gibt, um ein Problem zu lösen, nicht nur eine einzige.«

Ein Abschnitt dieses Kapitels ist dem Thema Sicherheit gewidmet. Eltern können ihre Kinder nicht vor allem beschützen, ihnen hier vielmehr Hilfe zur Selbsthilfe geben. Kinder müssen lernen, welche Fragen sie zu stellen und welche Schritte sie zu unternehmen haben. Und sie sollten lernen, (potenzielle) Probleme ruhig und wirkungsvoll anzugehen.

Wer Probleme lösen will, braucht Ideen. Ohne Nachdenken, aber auch ohne Kreativität geht es nicht.

Mein Rezept für problemlösendes Denken basiert auf zwei Zutaten:

- Übung im Stellen und Beantworten von Fragen
- Übung im Treffen von Entscheidungen.

Und genau darauf zielen die Übungen dieses Kapitels ab. Es ist faszinierend, dass Alter und Wissensstand hier überhaupt keine Rolle spielen: Vieles davon habe ich erfolgreich mit Grundschülern ebenso wie mit Gymnasiasten ausprobiert – wobei man schon erwarten darf, dass die Antworten von Gymnasiasten etwas tiefschürfender und komplexer sind als die von Zweitklässlern.

Fragen über Fragen

Fragen richtig zu stellen und zu beantworten erfordert eine Menge Übung. In der Schule bekommen Kinder nicht ausreichend Gelegenheit dazu. Dort bleibt nicht viel Zeit zum »Philosophieren« oder auch für Fragen, die über den Lernstoff hinausgehen und zum Nachdenken anregen: »Was hältst du von ...?« oder »Was würdest du tun, wenn ...?«

Bei solchen Fragen sind die Antworten offen und sie halten den Unterrichtsbetrieb eher auf. Und schließlich führen sie eventuell sogar zu Antworten, die Lehrer ungern hören und mit denen sie schwer umgehen können.

Das »gedanken-volle« Zuhause

Mit diesem Ausdruck meine ich ein Zuhause, in dem Kinder üben können, Fragen zu stellen, die zum Nachdenken anregen, und selbst gedanken-volle Antworten darauf zugeben.

Ein gedanken-volles Zuhause bedeutet
- *erstens*, dass Sie als Eltern Ihren Kindern Fragen stellen, deren Antworten Sie wirklich interessieren. Bei kleineren Kindern könnten das Fragen zu Geschichten sein, die Sie zusammen lesen: »Was glaubst du, wie es weitergeht? Wie geht die Geschichte aus? Hat sie dir gefallen?« Bei älteren Kindern können die Fragen situationsgebunden sein. Fragen Sie sie doch zum Beispiel angesichts des kaputten Fernsehers: »Was sollten wir deiner Ansicht nach jetzt tun? Sollten wir den Fernseher reparieren lassen? Sollten wir einen neuen kaufen? Was meinst du? Und warum?« (vgl. auch »Was meinst du?«, S. 154).
- *Zweitens* bedeutet es, genau hinzuhören, was Ihre Kinder antworten. Bitten Sie Ihre Kinder, Sie zur Aufmerksamkeit zu ermahnen, falls nötig.
- *Drittens* bedeutet es, Kinder spüren zu lassen, dass sie klug sind. Mancher Jugendliche hat mehr Ahnung von Computern, als seine Eltern sich überhaupt vorstellen können. Wir sollten unseren Kindern deutlich zeigen, dass wir nicht nur eine überlegte Antwort schätzen, sondern dass wir auch bereit sind, von ihnen zu lernen.
- *Viertens* bedeutet es, dass Kinder die Möglichkeit haben sollen, Ihnen die Fragen zu stellen, die sie interessieren. Und dass Sie sich dann die Zeit nehmen, ausführlich darauf zu antworten. Das können – und sollten auch – Fragen über »Gott und die Welt« sein.

- *Fünftens* bedeutet es, dass auch Ihre Kinder Ihnen zuhören – es sei denn, Ihre Antworten haben die Länge eines Vortrags.

Der kreative Touch

Alle Problemlösungen sind kreativ. Und auch Kreativität kann man üben. Zum Beispiel durch Fragen, die kreative Antworten erfordern. Wenn Sie zum Beispiel ein Kind fragen: »Was wünschst du dir?«, können Sie mit einer fantasievolleren Antwort rechnen, als wenn Sie sich nach seinem momentanen Befinden erkundigen. Oder lassen Sie Ihr Kind sich drei »nützliche« Erfindungen ausdenken, die noch niemand gemacht hat.

Sie können den Erfindungsreichtum Ihres Kindes fördern, indem Sie ihm Fragen stellen wie: Wie viele Dinge kann man aus einem Pappteller machen? Oder aus einem Gummiband? Einer Büroklammer?

Lassen Sie Tinte oder Wasserfarbe auf ein Blatt Papier tropfen. Falten Sie das Papier vorsichtig in der Mitte, streichen Sie darüber und falten Sie es wieder auseinander. Dann lassen Sie sich von Ihrem Kind erzählen, an was es der Farbklecks erinnert. Danach werden die Rollen getauscht, und Sie müssen einen Farbfleck Ihres Kindes interpretieren.

Zeichnen Sie Kreise, Quadrate und Dreiecke in verschiedenen Größen auf ein Blatt Papier. Nun soll Ihr Kind unter Verwendung dieser Formen so viele verschiedene Dinge wie möglich zeichnen.

Lassen Sie Ihr Kind darüber nachdenken, was es verändern oder neu machen würde, wenn es die Möglichkeit dazu hätte:

Wofür hättest du gern mehr Zeit?

Wofür würdest du dein Geld ausgeben?

Was hättest du in deiner Familie gerne anders?
Was sollte immer so bleiben?
Mit wem wärst du gerne befreundet?
Was würdest du morgen gerne tun?
Was nächste Woche und nächsten Monat?
Ermuntern Sie Ihre Kinder, auch Ihnen einige dieser Fragen zu stellen. Sich Fragen nach Wünschen zu stellen, kann ein erster Schritt zu ihrer Erfüllung sein.

Du weißt mehr, als du glaubst

»Ich weiß es nicht.« Das ist eine der beliebtesten Antworten von Kindern. Doch so einfach dürfen wir sie nicht davonkommen lassen. Sie sind klug. Sie wissen mehr, als sie glauben. Kinder, die sich beim Spiel mit anderen durchsetzen, lösen beispielsweise andauernd Probleme. Aber wenn sie im Klassenzimmer sitzen, verstummen sie oft auf einen Schlag.

Kinder brauchen die Gelegenheit zu zeigen, was sie wissen und wie sie Probleme angehen. Ihr Zuhause ist ein idealer Ort dafür, auch weil man sich da keine Sorgen machen muss, dass man Unterrichtszeit verliert oder den Lehrplan nicht erfüllt.

Unterhalten Sie sich mit ihnen über Fragen, auf die es mehr als eine oder manchmal auch keine Antwort gibt. Nehmen Sie sich Zeit und sorgen Sie für eine entspannte Atmosphäre. Das ist der richtige Zeitpunkt, um sich über Ideen, Gefühle, Hoffnungen und Träume auszutauschen.

Entscheidungen treffen

Entscheidungen zu fällen ist niemals leicht, aber es wird leichter für Kinder, wenn sie
- sich zunehmend bewusst werden, dass sie in der Lage sind, Probleme zu lösen.
- sehen, dass es für ein Problem mehr als eine Lösung geben kann, aber dass die eine vielleicht besser ist als die andere.
- sich angewöhnen, erst nachzudenken, bevor sie handeln.

Entscheidungen treffen zu müssen, löst auch eine Menge Angst aus. Zumindest mir geht das so. Vor Jahren habe ich mir ein Poster gekauft, auf dem steht: »Keine Entscheidung ist auch eine Entscheidung.« Das gab mir das tröstliche Gefühl, dass ich mit meinem Problem nicht allein dastand, und es gab mir zu denken. Seitdem habe ich mehr Mut, Entscheidungen zu treffen.

Beziehen Sie Ihre Kinder aktiv und frühzeitig in Entscheidungsprozesse mit ein, insbesondere da, wo es um die Belange der Familie geht. Sie können entweder mit entscheiden oder zumindest zuhören. Sobald sie an dem Prozess teilhaben, den Erwachsene durchlaufen, wenn sie eine Entscheidung treffen, identifizieren sie sich auch damit.

Was würdest du tun? (4–7 Jahre)

Kinder brauchen Übung im Entscheiden. Mit ein paar »Trockenübungen« zu Hause sind sie für den Ernstfall gut gerüstet. Lassen Sie Ihre Kinder sich folgende Situationen ausmalen:
- Du kannst deinen Schlüssel nicht finden, und es ist niemand zu Hause.

- Du verläufst dich auf dem Weg zu einem Freund.
- Du wirst auf dem Heimweg von der Schule von anderen geärgert.

Fragen Sie sie dann jeweils: »Was tust du jetzt?« Und bitten Sie sie, sich so viele Lösungen wie möglich zu überlegen. Verwerfen Sie keine ihrer Ideen, selbst wenn sie weit hergeholt klingen.

Nachdem die Kinder darüber nachgedacht haben, sollen sie sich für die ihrer Meinung nach beste entscheiden.

Hier noch ein paar weitere Anregungen:
- Mama ruft an und bittet dich, etwas bei einem Nachbarn vorbeizubringen. Auf dem Weg dorthin triffst du einen Freund, der dich zum Spielen mitnehmen will. Was tust du?
- Du hast es wahnsinnig eilig zu einer Faschingsparty zu kommen, doch beim Anziehen zerreißt dein tolles Kostüm. Was machst du?

Lassen Sie auch schon kleine Kinder entscheiden, wie sie ihr Zimmer oder wenigstens einen Teil davon einrichten wollen.

Fordern Sie Ihre Kinder auch auf, Vorschläge zur Lösung von Problemen zu machen, die sie selbst verursacht haben (allerdings nicht in der aktuellen Situation). Beispiele: Dreck auf dem Fußboden, nicht aufgehängte Jacken, Milch, die nicht in den Kühlschrank zurückgestellt wurde.

Wenn Sie als Erwachsene sich angewöhnen, Ihre Kinder an einer Lösung zu beteiligen, statt ihnen eine aufzuzwingen, werden Sie bald sichtbare Fortschritte entdecken.

Entscheiden ist nicht einfach (9–12 Jahre)

Diese Übung dient dazu, sich der vielen Entscheidungen bewusst zu werden, die man jeden Tag trifft.

Sprechen Sie mit Ihren Kindern über ein paar wichtige Entscheidungen, die Sie in Ihrem Leben getroffen haben: zum Beispiel Berufswahl, Partnerwahl, Hauskauf. Erzählen Sie ihnen von den Gedanken, die Sie sich vorher gemacht haben, und davon, ob Sie sich noch einmal genau so entscheiden würden.

Zur Entscheidungsfindung gehört auch das Abwägen von Vor- und Nachteilen. Erwägen Sie gemeinsam Pro und Contra von Fernsehverbot, Haustieren, Urlaub zu Hause.

Wann immer möglich, sollten Sie Ihre Kinder die Folgen ihrer Entscheidungen tragen lassen – egal, welche! Sprechen Sie aber bei den negativen Konsequenzen darüber, was man beim nächsten Mal anders machen könnte.

Ermuntern Sie Ihre Kinder auch dazu, sich gedanklich in andere hineinzuversetzen: Was würden sie tun, wenn sie Lehrer wären? Oder Eltern? Ein theoretischer Rollentausch kann ihnen den Standpunkt des jeweils anderen begreiflicher machen.

Eine echte Wahl

Alternativen zu entdecken ist entscheidend für das Lösen von Problemen. Deshalb müssen Ihre Kinder auch echte Wahlmöglichkeiten bekommen. Überlassen Sie ihnen keine Entscheidung, von der Sie glauben, dass eigentlich nur Sie sie treffen können. Täuschen Sie also nicht vor, als dürften Ihre Kinder entscheiden. Außerdem ist es falsch, Kinder vor Entscheidungen zu stellen, mit denen sie überfordert sind.

Wählen Sie kindgerechte Entscheidungen aus und stellen Sie sich darauf ein, diese auch zu akzeptieren.

Sicherheit – alltägliche Probleme lösen

Wir können unsere Kinder nicht von morgens bis abends überwachen, um sie vor Unheil zu bewahren. Sie müssen selbst wissen, was sie für ihre Sicherheit zu tun haben. Zwar müssen wir ihnen vorher schon sagen, dass sie die Herdplatte nach Gebrauch abschalten sollen, aber den Schalter müssen sie selbst auf »0« drehen.

Bestimmte Sicherheitsvorkehrungen im Haus sollten Sie Ihren Kindern zur Gewohnheit machen.

Achtung, Achtung! (6–8 Jahre)

Kinder finden alles. Deshalb ist es sicherer, ihnen zu erklären, wie sie sich vor einer Vergiftung schützen können, als alle potenziell gefährlichen Dinge zu verstecken. Diese Übung zeigt Kindern, wie sie Warnhinweise auf Medikamenten und Haushaltsreinigern erkennen können.

Sie brauchen dafür eine Schachtel, in die Sie vier bis fünf Haushaltsreiniger und Medikamente packen (wählen Sie nur Produkte mit deutlichen Warnhinweisen).

Nehmen Sie den ersten Behälter aus der Schachtel. Helfen Sie Ihrem Kind, den Hinweistext zu finden, und lassen Sie es diesen laut vorlesen. Suchen Sie gemeinsam nach Wörtern, die Gefahr bedeuten, z. B. »giftig«, »Vorsicht«, »gefährlich«, »ätzend«. Weisen Sie Ihr Kind auch auf das Totenkopfsymbol hin.

Dann bitten Sie es, die Etiketten der übrigen Produkte vorzulesen und nach Wörtern zu suchen, die auf Gefahr hinweisen. Reden Sie auch darüber, was zu tun ist, wenn man aus Versehen etwas von diesen Mitteln geschluckt oder in die Augen bekommen hat. Auf manchen Etiketten sind Erste-Hilfe-

Maßnahmen abgebildet oder sie geben Hinweise auf Gegenmittel.

Schärfen Sie Ihrem Kind ein, Medikamente nur nach Ihrer Anweisung zu nehmen. Die Zahl der Todesfälle nach versehentlicher Einnahme von Drogen und Medikamenten ist nämlich doppelt so hoch wie die durch Verschlucken von Haushaltsreinigern.

Gefahrenstellen im Haus (4–6 Jahre)

Mit dieser Übung sollen Kinder lernen, Gefahren im Haus zu erkennen und Sie gegebenenfalls darauf hinzuweisen.

Machen Sie mit Ihrem Kind einen Rundgang durch die Wohnung/das Haus. Kontrollieren Sie gemeinsam in jedem Zimmer, ob die Elektrokabel in Ordnung sind, ob Teppiche rutschen, ob Altpapier, Lumpen und Farben ordentlich aufgeräumt sind und ob Messer oder andere scharfkantige Werkzeuge sicher verpackt sind.

Machen Sie eine Liste der notwendigen Reparaturen, auf der Sie zwei Kategorien unterscheiden – Reparaturen, die zu Hause erledigt werden können, und Reparaturen, die man in eine entsprechende Werkstatt bringen muss.

Bei den Reparaturen, die Sie selbst ausführen können, sollten Sie Ihre Kinder nach Möglichkeit helfen lassen.

Checkliste Elektrogeräte (4–6 Jahre)

Lassen Sie Ihre Kinder nach Geräten im Haus suchen, die man ein- und ausschalten kann. Zum Beispiel den Lichtschalter, CD-Spieler, Fernseher, die Kaffeemaschine, elektrische Heizöfen.

Zeigen Sie Ihren Kindern, wie man den Herd ausschaltet.

Falls sie sich vom Herd noch fern halten sollen, erklären Sie ihnen, warum.

Machen Sie gemeinsam eine Liste aller Geräte, die man ausschalten muss, bevor man das Haus verlässt. Am besten hängen Sie den Zettel im Flur auf oder kleben ihn gleich innen an die Wohnungstür. Hier ein Beispiel:

- Fenster zu?
- Herd ausgeschaltet?
- Fernseher (auch Stand-by) aus?
- Heizung niedrig?
- Licht aus?

Bei Kindern, die noch nicht lesen können, verwenden Sie Symbole für das jeweilige Gerät.

Kleine Verkehrserziehung (4–8 Jahre)

Diese Übung soll Kindern helfen, sich in der Nachbarschaft auszukennen und wichtige Hinweisschilder zu verstehen – selbst wenn sie noch nicht lesen können.

Spazieren oder radeln Sie mit Ihrem Kind durch Ihr Viertel. Wo gibt es überall Verkehrsschilder und was bedeuten sie? Ampel, Zebrastreifen, Bushaltestellen- und Stoppschild sollte Ihr Kind kennen.

Zeigen Sie ihm sichere Fuß- oder Fahrradwege. Sagen Sie Ihrem Kind, wo es im Notfall hingehen soll: zum Beispiel zu einer bestimmten Nachbarin, in einen Laden oder ein Büro in der Nähe.

Praxistipp: Stellen Sie ein »Notfallpaket« zusammen, das Folgendes enthält: einen Zettel mit Angaben zur Identität Ihres Kindes, eine Liste mit wichtigen Telefonnummern, Kleingeld für Telefonate und/oder eine Telefonkarte und vielleicht genügend Geld für ein Bus-Ticket oder eine Taxifahrt. Befestigen Sie dieses Päckchen mit Klebeband in der Schultasche oder dem Rucksack Ihres Kindes.

Vom Umgang mit Fremden (jedes Alter)

Kinder müssen lernen, zu Hause und auf der Straße skeptisch gegenüber Fremden zu sein. Geben Sie deshalb Ihrem Kind genaue Anweisungen, wie es am Telefon, an der Haustür oder auf der Straße mit Leuten, die es nicht kennt, umgehen soll.

Denken Sie sich eine Standardantwort fürs Telefon aus, zum Beispiel: »Meine Mutter kann gerade nicht an den Apparat kommen. Kann ich ihr etwas ausrichten?«

Beim Entgegennehmen von Nachrichten notiert man am besten Name und Telefonnummer des Anrufers. Legen Sie dafür Papier und Schreibzeug neben das Telefon.

Üben Sie auch, wie man richtig telefoniert. Dazu können Sie ein Spielzeugtelefon oder einen richtigen Apparat verwenden, und spielen Sie abwechselnd den Anrufer.

Warnen Sie Ihre Kinder davor, Geschenke oder Mitfahrangebote von Fremden anzunehmen. Gehen Sie nicht davon aus, dass Kinder die Gefahr erkennen oder einschätzen können. Hier sind Rollenspiele mit typischen Situationen sinnvoll. Fragen Sie etwa: »Möchtest du kleine Kätzchen sehen?«, »Magst du Süßigkeiten?« oder »Soll ich dich ein Stück mitnehmen?«

Warnen Sie Ihre Kinder davor, dicke Geldbörsen (falls sie solche besitzen) mit sich herumzutragen oder Geld offen herumliegen zu lassen. Wenn Kinder und Jugendliche größere Summen bei sich tragen, sollten sie diese halbieren oder in noch kleinere Portionen aufteilen und jeweils in verschiedenen Taschen, im Portemonnaie oder im Brustbeutel verstauen.

Ihre ganze Familie sollte wissen, wie man im Brandfall rasch und sicher aus dem Haus kommt.

Zeigen Sie Ihren Kindern, wo im Telefonbuch die Notrufnummer der Feuerwehr steht. Kinder, die noch nicht lesen können, sollten sie am besten auswendig lernen.

Üben Sie, wie man das Haus am schnellsten verlässt. Ziehen Sie dabei auch andere Fluchtwege in Betracht, falls der schnellste blockiert ist. Führen Sie diese Übungen mit der ganzen Familie und so oft durch, bis jeder genau weiß, wie er sich im Notfall zu verhalten hat.

Kinder bewahren mit größerer Wahrscheinlichkeit bei einem Notfall Ruhe, wenn sie wissen, was zu tun ist.

So lehrt man das Lösen von Problemen:
Erfahrungen mit unseren Kindern teilen

»Schön blöd«, sagten Kinder zu mir, als ich ihnen davon erzählte, wie ich mit dem Fuß in die Speichen eines Fahrrades gekommen war. Ich war auf dem Fahrradgepäckträger meines Bruders gesessen, und obwohl mich meine Eltern ermahnt hatten, Schuhe anzuziehen, war ich barfuß. Mein Bruder fuhr über einen Stein, mein Fuß geriet zwischen die Speichen.

Ich werde dieses Erlebnis mein Lebtag nicht vergessen: Seitdem trage ich Schuhe, wenn ich Rad fahre. Das ist eine Möglichkeit, etwas zu lernen. Sie ist allerdings ausgesprochen schmerzhaft ...

Kinder mögen solche Geschichten. Sie bieten die Chance zu einem Gespräch über weitaus gefährlichere Dinge, die Kinder manchmal nicht ernst genug nehmen.

Ein Gespräch in Gang bringen:
Kinder zum Mitdenken bewegen
Reden Sie mit Ihren Kindern über all die anderen Kinder, die etwas lernen müssen. Wie könnte man sie erreichen? Für welche Botschaften wären sie empfänglich? Sammeln Sie gemeinsam Ideen. Was haben die einzelnen Vorschläge für Vor- und Nachteile?

Diese Art der Problemlösung kann zur Denkgewohnheit werden. Selbst kleine Kinder verinnerlichen das schon. Fragen Sie sie zum Beispiel: »Wie könnten wir Onkel Moritz dazu bringen, mit dem Rauchen aufzuhören? Irgendwelche Ideen?« Und sie werden Ideen haben – manche besser, manche schlechter. Von den guten halten Sie eine parat, wenn Sie Onkel Moritz das nächste Mal sehen oder sprechen.

Zum Wesentlichen kommen
Nehmen Sie sich mit Ihren kleinen Problemlösern ein paar der folgenden Themen vor. Vielleicht haben sie einen Einfall, auf den bisher noch niemand gekommen ist:

- Verringern mehr Polizisten wohl die Zahl von Verbrechen?
- Welche Aufklärungsmaßnahmen, um die Ausbreitung von Aids zu verhindern, würden Jugendliche ansprechen?
- Was wäre nötig, um mehr Jugendliche dazu zu bringen, Drogen abzulehnen? Wie kann man seine Freunde vor dieser Dummheit bewahren?

Ein Vorschlag zieht den nächsten nach sich. So lange wir die Quelle anzapfen, werden sie nur so heraussprudeln.

Konzentration

Aufmerksam und wach sein

Wenn unser Leben komplizierter, der Alltag schnelllebiger wird, sind Selbstdisziplin und Konzentration wichtiger denn je. Gerade heute, wo (nicht nur) Kinder vom Strudel so vieler Wahl- und Ablenkungsmöglichkeiten erfasst werden, ist der Ruf nach Konzentration in den Schulen so laut wie nie.

Eltern jammern: »Unsere Kinder müssen sich konzentrieren. Sie sollen lernen, ihre Aufmerksamkeit auf eine Sache zu richten, und die einfach mal zu Ende führen.« Lehrer jammern: »Die Kinder scheinen einfach nicht mehr in der Lage zu sein, aufzupassen und zuzuhören.«

Damit Konzentration überhaupt möglich ist, müssen gewisse Voraussetzungen erfüllt sein. So benötigen Kinder ausreichend Schlaf und eine gute Ernährung und es bedarf einer gewissen Ordnung zu Hause und in der Schule, damit sie ihre Aufmerksamkeit auf eine Sache richten können.

Die folgenden Übungen zeigen systematische Wege zum Setzen und Erreichen von Zielen.

Konzentration in Kürze:

Was will ich erreichen?
Ein Ziel suchen
Ein Ziel konkret werden lassen
Aktiv werden
Was muss ich dafür tun?
Welche Hilfen habe ich?

Wie komme ich an mein Ziel?
Welche Informationen brauche ich?
Wogegen muss ich mich wappnen?
Mache ich Fortschritte?

Mithilfe von Konzentration erreicht man Ziele leichter. Und sich Ziele zu setzen fördert wiederum die Konzentrationsfähigkeit.

Die folgenden Übungen nehmen direkten Bezug auf die oben formulierten Fragen.

Was will ich erreichen?

Selbst kleine Kinder können sich schon realistische Ziele setzen. Die nächsten drei Übungen lehren eine grundlegende Strategie zum Finden eines passenden Ziels.

Sie brauchen dafür Papier, Schreibzeug und einen Kalender.

Ein Ziel suchen

Achtung! Stellen Sie zu Beginn nicht die Frage: »Was ist dein Ziel?« Mit großer Wahrscheinlichkeit werden Sie nämlich zur Antwort bekommen: »Weiß ich nicht.« Bieten Sie stattdessen ein Potpourri von Bereichen an, in denen man Ziele haben kann: in der Schule, der Familie, im Sport, unter Freunden, bei Hobbys, in Sachen Kleidung, Musik, Kino, Kochen, Spielen usw. Erstellen Sie gemeinsam eine Liste, auf der Sie alle Ideen notieren, die Sie bei diesem Brainstorming haben.

Ein Ziel konkret werden lassen

Sobald Sie eine Liste mit mindestens fünf Bereichen haben, bringen Sie diese in eine Rangfolge, in ihrer Wichtigkeit entweder auf- oder absteigend. Schreiben Sie die Ziffern eins bis fünf neben die Bereiche.

Jetzt geht es darum, ein Teilziel genauer ins Visier zu nehmen und sich für einen Bereich zu entscheiden. Sagen wir, Ihr Kind wählt »Hobbys«. Welches Hobby? Modellflugzeuge bauen? Etwas sammeln? Spiele? Computer? Bringen Sie die in Frage kommenden Hobbys ebenso in eine Reihenfolge wie vorher die Bereiche.

Aktiv werden

Jetzt geht es von den Worten zu den Taten. Angenommen, Ihr Kind möchte als Hobby am liebsten Zaubertricks erlernen, dann können Sie zusammen überlegen, wie viele Tricks es sich bis wann angeeignet haben will. Setzen Sie sich parallel auch Ziele für sich selbst, damit die ganze Sache Teamcharakter bekommt. Überlegen Sie nun gemeinsam, was man vorbereiten oder tun muss, um das gesetzte Ziel zu erreichen. Braucht Ihr Kind Bücher zum Thema »Zaubern« oder einen Zauberkasten?

Bestimmen Sie anhand Ihres Kalenders gemeinsam ein Datum für eine Zaubershow im Familienkreis. Wählen Sie einen nicht zu weit entfernt liegenden Termin, damit das Ziel nicht aus dem Blick gerät. Für ein jüngeres Kind ist schon eine Woche mehr als genug; bei älteren Kindern ist ein Monat eine gute Zeitspanne.

Welche Hilfen habe ich?

Sobald wir ein Ziel gewählt haben, stellt sich uns die Frage: »Was kann ich dafür nutzen? Auf welche Fähigkeiten und Stärken kann ich zurückgreifen? Wo liegen meine Ressourcen? Welche Hindernisse werde ich überwinden müssen?« Kinder benutzen vielleicht nicht genau diese Worte, aber sie sollten sich über diese Fragen Gedanken machen.

Was bin ich für ein Typ?

Bei dieser Übung soll Ihr Kind versuchen, sich selbst einzuschätzen.

Was bin ich für ein Typ? Stürme ich schnell voran oder bin ich eher ängstlich? Wie war das, als ich früher etwas Neues gelernt habe? Ging es schnell oder langsam?

Erinnern Sie Ihr Kind dabei an frühere Erfolgserlebnisse.

Eine Hürde nach der anderen (jedes Alter)

Sprechen Sie mit Ihrem Kind darüber, dass es auf dem Weg zu einem Ziel immer Hindernisse gibt. Nehmen Sie sich eines davon vor und versuchen Sie, es genau einzugrenzen. Zum Beispiel bei Nervosität handeln. Konzentrieren Sie sich jetzt nur auf dieses Problem. Fragen Sie Ihr Kind, was man dagegen tun kann. Überlegen Sie sich mehrere Möglichkeiten, um mit Nervosität umzugehen.

Sich immer nur mit einem Problem auf einmal auseinander zu setzen, lässt den Erfolg möglich, ja sogar wahrscheinlich erscheinen.

Dranbleiben (jedes Alter)

Kinder (und auch einige Erwachsene) glauben, dass erfolgreichen Menschen einfach alles in den Schoß fällt. Sprechen Sie darüber, dass dies ganz und gar nicht der Realität entspricht. Erzählen Sie Ihrem Kind, wie es war, als es laufen lernte – dass es am Anfang auch immer wieder hingefallen ist. Suchen Sie nach so vielen derartigen Beispielen wie möglich.

Was erfolgreiche Menschen erfolgreich macht, ist ihr Wissen darum, wie man dranbleibt und es immer wieder versucht.

Wie komme ich an mein Ziel?

Auf Reisen hilft einem eine Landkarte, den richtigen Weg zu finden. Eine Art Landkarte braucht man auch, wenn man auf ein Ziel hinarbeitet. Wir dürfen den Weg nicht aus den Augen verlieren, sollten aber auch wachsam sein für die interessanten Sehenswürdigkeiten am Rand der Strecke. Unser Blick sollte auf das Ziel gerichtet sein und daneben müssen wir gewisse Regeln beherzigen, die unsere Konzentration gewährleisten.

Gut aufpassen (6–10 Jahre)

Meistens überfliegen wir die Sachen nur, die wir uns ansehen. Wir passen nicht richtig auf. Die folgenden Übungen helfen, unsere Aufmerksamkeit zu schärfen. Der Schwierigkeitsgrad der Beispiele steigert sich absichtlich.

- Beobachte eine Baustelle mehrere Tage lang und versuche zu entdecken, was sich von einem Tag zum anderen verändert.
- Spielt ein zeitaufwändiges Spiel, etwa »Monopoly«, in Etappen. Das heißt, ihr unterbrecht an einem bestimmten Punkt und nehmt das Spiel am folgenden Tag an exakt dieser Stelle wieder auf. Könnt ihr euch daran erinnern, wo ihr aufgehört habt?
- Suche in einem Atlas oder auf einem Globus die Hauptstädte von zehn Ländern. Tu dies an mehreren Tagen hintereinander. Versuche dich jeden Tag daran zu erinnern, welche Länder und Städte du dir am Vortag angesehen hast.

Denken Sie sich zusammen mit Ihren Kindern noch mehr Konzentrationsspiele aus. Versuchen Sie etwa sich daran zu erinnern, was Sie letzte Woche gegessen oder was Sie getragen haben. Wer kann den Inhalt eines Buches, das er gelesen, oder einer Sendung, die er gesehen hat, zusammenfassen? Die Beschreibungen sollten immer ausführlicher und genauer werden.

Welche Informationen brauche ich?

Gut informiert zu sein ist eine wesentliche Voraussetzung, um Ziele zu erreichen, egal, ob es sich dabei um den Kauf eines Fahrrads oder das Halten einer Referats handelt. In den folgenden Übungen sind Fragen aufgelistet, mithilfe derer Sie die nötigen Informationen zusammentragen können.

Wo bekomme ich Informationen? (ab 9 Jahren)

Welche Informationen brauche ich überhaupt? Wo bekomme ich sie her? Aus Büchern? Von Freunden? Aus dem Internet? Notiere deine Fragen.

Wie soll ich mir das merken? (ab 9 Jahren)

Wie ordnen und behalten wir die Informationen? In unseren Köpfen? Auf Notizzetteln? In Ordnern? Wie verbinde ich das, was ich mir an neuem Wissen aneigne, mit dem, was ich schon weiß?

Wann weiß ich genug? (ab 9 Jahren)

Habe ich mich an mehreren Stellen informiert? Dann bekomme ich auch abweichende Meinungen. Welche Ansicht erscheint mir die sinnvollste? Bin ich zufrieden mit dem, was ich jetzt weiß? An einem gewissen Punkt muss ich das auch sein.

Einen Plan machen (ab 9 Jahren)

Gut, jetzt sind genügend Informationen zusammengetragen und das Ziel ist schon ein Stück näher gerückt. Was kommt nun zuerst? Was als Zweites und Drittes? Der nächste Schritt ist, sich einen Plan zu erstellen.

Für diese Übung brauchen Sie Papier und Schreibzeug. Wählen Sie gemeinsam ein Ziel. Dann erstellt jeder für sich einen Plan, um es zu erreichen. Danach vergleichen Sie Ihre Notizen. Was ist gleich? Wo gibt es Unterschiede?

Zum Beispiel: Mein Ziel ist, ein Fahrrad zu kaufen.

1. Ich habe die nötigen Informationen.
2. Ich will einige Fahrradgeschäfte aufsuchen.
3. Ich weiß, was ich dort fragen will.
4. Ich habe mir verschiedene Marken ausgesucht.
5. Ich vergleiche die Preise in verschiedenen Geschäften.
6. Ich kaufe ein bestimmtes Rad.

Sich Strategien zum Erreichen eines Ziels zu überlegen, ist ein spannender Prozess für jüngere und ältere Kinder. Je älter wir werden, desto mehr Spaß haben wir daran. Und jeder kann lernen, wie das geht.

Wogegen muss ich mich wappnen?

Stress, Entmutigung und Ablenkung – das sind die schlimmsten Feinde unserer Konzentration. Wir müssen diese Widersacher erkennen und bekämpfen. Hier ein paar bewährte Rezepte und Strategien.

Wie man Stress bekämpft: Man zählt bis zehn, macht einen kurzen Spaziergang, spricht darüber, nimmt eine kalte Dusche oder ein heißes Bad. Jeder kann diese Vorschläge alle einmal bei sich selbst ausprobieren und sich für den geeignetsten entscheiden. Vielleicht fallen einem mit der Zeit noch etliche neue Strategien ein.

Was man gegen Entmutigung tun kann: die Tatsache akzeptieren, dass es Enttäuschungen gibt und wir manchmal Fehler machen. Versuchen, sich selbst zu verzeihen, aus Fehlern zu lernen und trotzdem weiterzumachen.
Kinder müssen von uns Erwachsenen hören, dass auch wir

mal etwas falsch machen und dass man Enttäuschungen überlebt. Erzählen Sie ihnen von entsprechenden Erfahrungen.

Wie man Ablenkung bekämpft: trotzdem um Konzentration ringen, versuchen, der Ablenkung zu widerstehen. Für Kinder bedeutet das oft, den Druck ihrer Altersgenossen aushalten zu müssen. Eine gute Strategie, mit Druck umzugehen, ist die Erstellung eines (Zeit-)Plans, den man einzuhalten versucht.

Sich Mut zureden – auch der Kampf um Konzentration verlangt Mut. Das richtige Maß finden – auch mal Pausen machen.

Mache ich Fortschritte?

Wir müssen erkennen und beurteilen lernen, wo wir stehen. Das ist jedoch allein unsere Aufgabe.

Um diese Selbsteinschätzung zu lernen, ist jedes Ziel geeignet. Für jüngere Kinder sollte es allerdings nicht zu abstrakt sein. Wenn das Ziel etwa lautet, fünf Bücher innerhalb eines bestimmten Zeitraums zu lesen, können Kinder ihre Fortschritte messen. Bei größeren Kindern dürfen es ruhig abstraktere Ziele sein, etwa ausgeglichener zu werden oder disziplinierter zu arbeiten.

Sich belohnen (jedes Alter)

Wir schenken häufig anderen etwas, aber uns selbst beschenken wir selten. Dabei ist sich selbst zu belohnen eine unschätzbare Quelle unserer Kraft

Erzählen Sie Ihren Kindern von zwei Belohnungen, die Sie sich selbst ausgesetzt haben, und bitten Sie sie, das Gleiche zu tun. Überprüfen Sie gegenseitig, ob Sie sich auch selbst belohnt haben, nachdem Sie ein Ziel erreicht haben. Das muss nichts Großartiges sein: einmal zum Essen oder ins Kino gehen, eine neue Kassette oder einmal ausgiebiger als sonst seinem liebsten Hobby frönen.

Der »Wo-stehe-ich?«-Überblick (jedes Alter)

Sie brauchen hierfür nur ein Blatt Papier, einen Stift und ein Lineal.

Zeichnen Sie drei Spalten auf ein Blatt Papier. In die erste tragen Sie die Schritte ein, die zu einem bestimmten Ziel führen sollen. In die zweite kommt der Zeitraum, innerhalb dessen diese stattfinden sollen. Und in der dritten Spalte wird das Erreichen der Teilziele abgehakt.

Sagen wir, das Ziel lautet, in einer bestimmten Zeit fünf Bücher zu lesen. In der Spalte ganz links tragen Sie die Ziffern eins bis fünf ein und daneben jeweils den Titel des Buchs. (Falls die Auswahl noch nicht feststeht, genügen auch nur die Ziffern.) In die nächste Spalte schreiben Sie dann die jeweiligen Termine. Bei so einem Projekt ist es wichtig, auch die Teilziele festzulegen. Mit einem Farbstift wird abgehakt, was gelesen wurde, oder es gibt einen Smiley oder ein Sternchen dafür. Ihrer Fantasie sind hier keine Grenzen gesetzt.

Momente zum Genießen

Uns selbst anfeuern, genießen, was wir tun, uns selbst belohnen – üblicherweise machen wir das viel zu selten, obwohl es besonders wichtig für das Erreichen von Zielen ist. Wenn wir uns etwas vorgenommen haben und uns das auch gelingt, ist das ein echter Sieg, also genießen wir ihn!

Alle Schritte auf dem Weg zu einem Ziel sind Momente, die man feiern kann. Und jede Familie hat ihre eigenen Rituale, das auch zu tun.

Konzentration besitzt magische Kräfte. Wenn wir unsere Aufmerksamkeit auf eine bestimmte Sache richten, sehen wir plötzlich überall Verbindungen: Es wimmelt von Hinweisen und Antworten, wohin man schaut.

Konzentration steigert auch die Wirkungsweise aller anderen Megaskills. Die Eindrücke werden schärfer und gezielter, so dass wir ihnen mehr Beachtung schenken. Kinder (und auch Erwachsene) gewinnen dadurch mehr Selbstbewusstsein.

Es ist wichtig, am Ende noch einmal daran zu erinnern, dass Konzentration eine ganz individuelle Angelegenheit ist: Der eine sitzt ganz still und starrt geradeaus, ein anderer kneift die Augen zu oder runzelt die Stirn. Genauso konzentriert oder sogar noch konzentrierter sind wir, wenn wir uns bewegen und ein Problem von mehreren Seiten betrachten.

Sprechen Sie über die verschiedenen Arten, sich zu konzentrieren und die individuelle Ausprägung bei jedem einzelnen Familienmitglied. Welche Impulse gibt man sich selbst, um seine Aufmerksamkeit zu steigern, und was kann man tun, um bei der Sache zu bleiben.

Und vergessen Sie am Ende nicht, sich selbst Beifall zu klatschen – wenigstens das.

Reif für die Schule?

Wenn Sie Zweifel an der Schulreife Ihres Kindes haben, können die folgenden drei Fragen zu einer Klärung beitragen.

1. *Wie steht es um die sozialen Fähigkeiten meines Kindes?* Wie kann ich meinem Kind helfen zu lernen, dass man andere respektieren, stillsitzen, aufpassen und Anweisungen befolgen muss?
2. *Wie arbeitet mein Kind?*
   Wie kann ich meinem Kind helfen, sich auf die Arbeitsweise in der Schule vorzubereiten? Wie kann ich ihm beibringen, ordentlich und systematisch zu arbeiten?
3. *Wie stabil ist mein Kind?*
   Wie kann ich ihm helfen, mit Enttäuschungen umzugehen, Frust auszuhalten und sich in einer großen Gruppe durchzusetzen?

Auf den nächsten Seiten finden Sie Vorschläge zum Üben und allgemeine Hinweise, wie Sie zu Hause gute Voraussetzungen für Schulreife schaffen können.

Sozialverhalten

Reden und reden lassen (4–6 Jahre)

In der Schule bekommt Ihr Kind nur selten die ungeteilte Aufmerksamkeit seines Lehrers. Es sollte sich daher frühzeitig daran gewöhnen, nicht immer im Mittelpunkt stehen zu wollen, auch andere Kinder zu Wort kommen zu lassen und zu warten, bis es an der Reihe ist.

Diese Übung macht man am besten beim Essen mit der ganzen Familie. Verwenden Sie eine (Stopp-)Uhr, um sicherzustellen, dass jeder die Möglichkeit bekommt, etwas zu einem Thema von allgemeinem Interesse – Essen, Fernsehen, Freunde usw. – zu sagen. So gewöhnt sich ihr Kind allmählich daran, anderen zuzuhören und nur dann zu sprechen, wenn es dran ist.

Beginnen Sie mit 30 Sekunden Redezeit, erhöhen Sie dann auf eine Minute, maximal auf zwei. Mehr Zeit animiert zu langen Vorträgen, die selbst Erwachsene auf eine harte Geduldsprobe stellen.

Aus der Praxis:
»Ich habe drei Kinder im Alter von sechs, neun und zwölf Jahren. Die Jüngste glaubt, was sie sagt, sei nicht so wichtig wie die Meinung der Größeren. Deshalb bitte ich alle drei, nach dem Essen am Tisch sitzen zu bleiben, bis jeder etwas von seinem Tag erzählt hat.«

Aufpassen lernen (4–6 Jahre)

Lehrer berichten immer wieder, dass Schulanfänger die größten Probleme damit haben, im Unterricht aufzupassen und Arbeitsanweisungen zu befolgen. Das sind jedoch Dinge, die man lernen kann.

Ausgerechnet das Fernsehen kann Kindern helfen, das Hinhören und Aufpassen zu lernen. Suchen Sie gemeinsam mit Ihrem Kind eine Sendung aus, die Sie sich zusammen ansehen. Sagen Sie Ihrem Kind vorher, dass das ein Aufmerksamkeitstraining ist und dass Sie ihm danach Fragen stellen werden. Zum Beispiel: Wie hießen die Hauptdarsteller? Was hatten sie an? Wie ging die Geschichte aus? Dann werden die Rollen getauscht und Ihr Kind fragt Sie nach Details. Diese Übung ist auch eine gute Möglichkeit, um das in der Schule so wichtige Formulieren von Fragen zu lernen.

Hör mir genau zu (4–6 Jahre)

Geben Sie (höchstens) vier bis fünf Anweisungen, die Ihr Kind der Reihe nach befolgen soll. Denken Sie sich leichte Aufgaben aus, etwa: »Hol dir ein leeres Glas.« – »Geh zum Waschbecken.« – »Dreh den Wasserhahn auf.« – »Fülle das Glas mit Wasser.« – »Dreh den Wasserhahn wieder zu.« Oder Sie zerlegen die Aufgabe, den Tisch abzuräumen, in verschiedene Teilanweisungen.

Danach übernimmt Ihr Kind das Kommando und gibt Ihnen Anweisungen. Passen Sie den Schwierigkeitsgrad und die Dauer der Übung dem Alter und der Konzentrationsfähigkeit Ihres Kindes an.

Aus der Praxis:
»Als ich die Übung ›Hör mir genau zu‹ das erste Mal mit meiner Tochter machte, war sie absolut begeistert und konnte gar nicht genug davon kriegen. Es war für mich richtig schwer, schnell genug neue Anweisungen zu formulieren.«

Ordnung und Systematik

Feste Routinen, geregelte Abläufe und Rituale sind wesentliche Voraussetzungen für ein gutes Gedeihen Ihres Kindes. Dazu gehören feste Essenszeiten, Schlafenszeiten, Fernsehzeiten. Mithilfe klarer Regeln lernen Kinder einzuschätzen, was sie von der Familie, von anderen Menschen, von sich selbst und von der Schule erwarten können.

Wie man organisatorische Probleme angeht, sollten Erwachsene den Kindern am besten vorleben. Zeigen Sie Ihren Kindern, was man tun muss, um eine bestimmte Arbeit vorzubereiten. Was braucht man, um ein Zimmer zu streichen? Was muss ich alles herrichten, um ein Mittagessen kochen zu können? Was benötige ich für eine bestimmte Hausaufgabe?

Sorgen Sie auch dafür, dass Ihr Kind einen ruhigen Ort zum Lesen und Lernen hat. Sein Arbeitsplatz muss nur aus einem Tisch, einem Stuhl und einer Lampe bestehen. Er kann in einer stillen Ecke oder in einem eigenen Zimmer untergebracht sein.

Damit Kinder Freude am Lesen (lernen) haben, sollten sie ihre Eltern lesen sehen und diese sollten ihnen vorlesen. Lesestoff kann sich im ganzen Haus befinden, im Wohnzimmer, Schlafzimmer, Kinderzimmer, sogar im Badezimmer oder auf der Toilette – als Bestandteil unseres täglichen Lebens.

Sorgen Sie ebenso für ausreichend Blocks und Stifte im ganzen Haus, so dass das Notieren und Skizzieren für Ihre Kinder alltäglich wird. Papier und Schreibzeug gehört etwa neben das Telefon, um Nachrichten aufzuschreiben, in die Küche für den Einkaufszettel und neben den Fernseher, um zu notieren, welche Sendungen man sehen möchte.

Eine ausgezeichnete Hilfe zum Planen, Organisieren, Systematisieren und Ordnung schaffen ist ein Kalender (vgl. auch die Übung »Wann tut wer was? Der Familienkalender«, S. 115). Ihr Familienkalender muss nicht besonders ausgefallen sein, sondern nur leere Felder haben, die groß genug sind, um einiges hineinzuschreiben.

Eigentlich sollte jedes Kind seinen eigenen Kalender haben. Kalender sind leicht, preiswert oder sogar umsonst zu bekommen. Man braucht ein wenig Disziplin, um seinen Kalender auf dem neuesten Stand zu halten. Wenn Kinder jedoch sehen, dass ihre Eltern einen führen, wird das auch ihnen bald selbstverständlich sein.

Genau so nützlich wie ein Kalender ist ein Adress- oder Telefonbuch für die ganze Familie (vgl. die Übung »Familien-Telefonbuch«, S. 125). Suchen Sie nach einem Exemplar, das viel Platz bietet, so dass Kinder problemlos hineinschreiben können.

Kinder sollten nicht nur sehen, dass Erwachsene Probleme anpacken, sondern auch, dass sie dabei methodisch vorgehen. Wenn man sie an diesem Prozess teilhaben lässt, bekommen Kinder rasch ein Gefühl für Ordnung und Organisation.

Eine stabile Persönlichkeit

Die Schule kann einen anspornen, aber oft genug macht man dort bittere und entmutigende Erfahrungen: eine schlechte Note, ein brüllender Lehrer, Konkurrenz unter den Schülern, eine langweilige Rolle im Schultheater …

Wie können wir unseren Kindern vermitteln, wie sie mit derartigen Problemen, Frustrationen und Enttäuschungen am besten umgehen?

Eine gute Möglichkeit ist sicher, ihnen nach einem Misserfolg wieder Mut zu machen und zu sagen: »So etwas kann vorkommen.« – »Das bringt einen nicht um.« – »Morgen sieht die Welt schon wieder anders aus.« – »Lass den Kopf nicht hängen!«

Und wir sollten ihnen auch immer wieder die schönen Seiten von Schule vor Augen führen als einem Ort, wo man Freundschaften schließt, interessante und spannende neue Dinge lernt, wo man immer wieder herausgefordert und wo Anstrengung letztlich belohnt wird.

Die Schule ist in der Tat eine Herausforderung für die kindliche Persönlichkeit, so dass Kinder sich fast jeden Tag sagen müssen: »Ich kann das. Ich werde es zumindest versuchen.«

Wenn Kinder ihren Schulalltag mit Selbstvertrauen, Motivation, Disziplin, Verantwortung, Initiative, Ausdauer, Fürsorge, Teamgeist, gesundem Menschenverstand, problemlösendem Denken und Konzentration angehen, dann ist das schon die halbe Miete. Die Übungen in diesem Buch helfen ihnen auch dabei.